# Saint François, Pape François : Vivre l'Évangile

Édition originale :
**St. Francis, Pope Francis: A Common Vision**

Published by Servant Books, an imprint of Franciscan Media.
28 W. Liberty St.
Cincinnati, OH 45202
www.americancatholic.org

Édition française :

9 rue Marie-Rose 75014 Paris
01 45 40 73 51
Mail : contact@editions-franciscaines.com
www.editions-franciscaines.com

Gina Loehr
avec Al Giambrone

# Saint François, Pape François : Vivre l'Évangile

Traduit de l'anglais (États-Unis) : Catherine Petrowsky

éf... éditions franciscaines

*Et après que le Seigneur m'eut donné des frères, personne ne me montrait ce que je devais faire, mais le Très-Haut lui-même me révéla que je devais vivre selon la forme du saint Évangile.*

Saint François d'Assise

*Nous sommes tous appelés à parcourir le monde avec nos frères et sœurs, pour proclamer et témoigner notre foi en Christ en faisant de nous-mêmes des messagers de Son Évangile.*

Pape François

# AVANT PROPOS

Frère Jonathan Morris

Du jour où Jorge Mario Bergoglio, de Buenos Aires, a été élu pape, il a gagné l'attention du monde entier, et d'abord en prenant le nom de François. Le 266$^{e}$ pape est devenu, en peu de temps, le « pape du peuple », au point que l'on parle d'un « effet François ».

Sa popularité ne cesse d'augmenter. Chaque mercredi, il tient une audience papale place Saint-Pierre à Rome et celles-ci attirent des foules encore plus nombreuses que pour Jean-Paul II. Lors des JMJ, au Brésil, trois millions de personnes - dont beaucoup de jeunes - ont assisté à la messe sur la plage de Copacabana.

Je voyage beaucoup et j'ai donc l'opportunité de constater l'attraction internationale du pape. Dans les aéroports, les rues, les restaurants, il n'est pas rare que des étrangers m'approchent pour me dire : « Hey, Père, j'aime votre pape ! » ou « Ce type a quelque chose ! »

Et il veut que nous tous aussi nous ayons ce « quelque chose ». Le pape François désire que chacun - catholique, chrétien, croyant et non croyant - revienne au fondement de la foi. Il nous le démontre en choisissant de vivre très simplement (choisissant de demeurer dans la maison des invités plutôt que dans l'appartement papal par exemple). Il a même surpris beaucoup des cardinaux qui l'ont élu par le radicalisme de son humilité.

Ses enseignements simples touchent le cœur des gens. Un peu comme à l'exemple de son homonyme, saint François d'Assise, le pape François nous dit que si nous voulons suivre Jésus, nous devons le faire d'une manière très sincère et très simple, d'une manière qui communique un message fort. Et ses mots qui lui viennent du cœur ne sont pas seulement destinés aux catholiques ou aux chrétiens. Ceux qui cherchent, découvrent un homme qui leur parle à eux aussi – non pas en leur disant : « Quoique vous ayez envie de faire, c'est formidable », mais au contraire en les appelant à prendre une voie à laquelle ils n'avaient pas pensé auparavant :

- « Que diriez-vous de prendre soin des pauvres ? »
- « Que diriez-vous de mener une vie qui ait du sens, un but ? »
- « Que diriez-vous de décider que vous allez vivre pour les autres, et pas seulement pour vous-même ? »

Jésus a dit à saint François d'Assise : *« François, répare mon Église qui, tu le vois, tombe en ruines*[1]*. »* Aujourd'hui, le pape François vient apporter la guérison et l'espérance à cette même Église. Aux prêtres et aux évêques, son message est clair : « Ne restez pas assis dans vos rectorats et paroisses ; dites « non » au cléricalisme. L'important n'est pas votre pouvoir, votre autorité mais le service. »

---

1 Légende des Trois Compagnons 13

# SAINT FRANÇOIS – PAPE FRANÇOIS

Le pape François prêche des homélies quotidiennes que l'on peut trouver sur le site internet du Vatican. Je suis frappé, lorsque je les écoute, de constater combien elles sont réalistes et cependant profondes. Deux exemples illustrent ce que je veux dire. Dans une homélie, il a partagé cette preuve irréfutable que vous ne pouvez emporter vos biens matériels avec vous au paradis, disant : « Avez-vous déjà vu un camion de déménagement dans une procession funéraire ? ». Dans une autre, il a mentionné que s'adresser à Dieu en tant que « Notre Père » implique qu'aucun d'entre nous n'est « enfant unique ».

Saint François d'Assise et le pape François ont véritablement une vision commune : vous pouvez trouver un sens, un but, à votre vie, de la passion dans votre vie, et le chemin pour y arriver, c'est votre relation d'amour avec Dieu.

# INTRODUCTION

## Aimer le Christ, vivre l'Évangile

Lorsqu'il a pris le nom de François, le pape a surpris le monde entier. Tout le monde connaît saint François d'Assise. Presque tout le monde l'aime. Mais nous ne nous attendions pas à ce que le pape le choisisse comme patronyme ! Cela bouleverse les habitudes.

Nous devons revenir à 1903 pour trouver un pape qui n'était ni un Benoît, un Jean, un Paul ou un Pie, mais le treizième Léon. Nous n'avons pas eu de pape qui soit « le Premier » depuis exactement onze cents ans. Ainsi, le choix du nom de François en dit long avant même que le nouveau pontife ne prononce un simple mot. Ce pape va être différent.

Bien sûr, chaque pape est différent. Chacun apporte à son pontificat un ensemble unique de dons et d'inclinations. Chaque pape est chargé de la même tâche – être le pasteur de l'Église universelle - mais chacun l'assume à sa propre manière. Nous devons admettre, cependant, que le pape François intrigue les gens et capte leur attention par la manière dont il est « différent ». Il n'a pas réinventé la papauté, comme certains voudraient nous le faire croire. Seulement, il fait des choses avec ce que nous pourrions appeler une touche particulière.

Saint François d'Assise lui aussi était « différent ». Comme tous les autres saints avant lui et après lui, il aima le

Christ et vécut l'Évangile, mais d'une manière qui attirait l'attention. Il serait absurde d'attendre du pape François qu'il soit le reflet exact de saint François d'Assise, mais ces deux hommes ont vraiment des traits significatifs en commun, notamment la faculté de nous rappeler les bases du message de l'Évangile.
Saint François a déjà fait ses preuves d'authentique disciple de l'Évangile du Christ et il en récolte toujours les fruits maintenant tandis qu'il adore le visage de Dieu dans les cieux et prie pour nous sur la terre. Le pape François, lui, se trouve encore de ce côté-ci de notre humanité. Et bien que Jorge Mario Bergoglio ait déjà presque huit décennies de vie chrétienne exemplaire à son actif, il n'est pas encore au bout du chemin. Et il le sait. C'est la raison pour laquelle il nous a demandé de prier pour lui dès les premières minutes de sa nouvelle mission. Et c'est aussi pour cela qu'il a choisi un saint patron qui peut l'aider à rester sur la bonne voie.

**Suivre saint François d'Assise**

En choisissant François d'Assise pour saint patron, le Saint-Père a montré son désir d'imiter le Petit Pauvre d'Assise. Et ceci n'est pas une mince affaire ! Certains considèrent en effet saint François comme le plus grand saint de l'histoire de la chrétienté.

Saint François aima Jésus avec un zèle extraordinaire. Il voulut être l'image authentique du Christ dans le monde. Aussi le choix du pape de le suivre est le meilleur moyen de se garder lui-même, ainsi que son autorité, fermement enraciné dans le Christ.

Tous les saints aiment le Christ, mais ce qui est unique à saint François est son remarquable accomplissement de l'imitation du Christ jusque dans les moindres détails. Comme ce pape de 1903, Léon XIII, l'a écrit dans son encyclique à propos de François d'Assise : « Par ses nombreuses vertus, [...] et surtout par l'austérité de sa vie, cet homme irréprochable s'est efforcé de reproduire en personne l'image de Jésus Christ[2]. »

De toute évidence, il s'y efforça avec succès. Les gens voyaient en François d'Assise un reflet du Seigneur. Et ils aimaient ce qu'ils voyaient. C'est ainsi que François d'Assise attira à lui beaucoup de gens. Il les inspirait et son influence changeait leur vie.

La popularité de François était la conséquence de son authenticité. L'homme fascinait les gens par sa propre vie, et il continue de le faire aujourd'hui. Il est peut-être, de tous les saints de l'Église catholique, le seul qui ait autant capté l'attention, l'affection, et l'admiration des catholiques et également des non-catholiques.

Cette popularité largement répandue de saint François l'a parfois cependant exposé à être réduit à une caricature spirituelle ou à un saint de dessin animé. Représenté sous l'apparence d'une statue agrémentée d'un moineau sur l'épaule et d'un écureuil à ses pieds, François d'Assise se retrouve souvent au centre de grottes, de baignoires ou de jardins au calme quasi-religieux ! Mais sa spiritualité n'est

---

[2] Pape Léon XIII, *Auspicato Concessum,* encyclique sur Saint François d'Assise, 17 septembre 1882.

pas une banalité moulée dans le plâtre. François est un homme à la foi simple et profonde.

Ce que saint François a accompli, il le fit simplement par amour du Christ. Son attitude, souvent imprévisible et quelquefois “extrême”, faisait partie de son histoire d’amour. Gilbert K. Chesterton explique bien ce phénomène :

> Mais comme saint François n’aimait pas l’humanité mais les hommes, ainsi n’aimait-il pas le christianisme mais le Christ. Dites, si vous le pensez, que c’était un fou épris d’une personne imaginaire ; mais d’une personne imaginaire, pas d’une idée imaginaire [...] Racontez comme l’un de ces poèmes de troubadours les choses insensées qu’il ferait pour sa dame [...] Dans une telle romance, il n’y aurait pas de contradiction entre le poète cueillant des fleurs sous le soleil puis endurant dans la neige une vigile de prière, entre sa louange de toute cette beauté terrestre et physique et son refus de manger, entre sa glorification de l’or et du pourpre et son goût obstiné pour les haillons, entre la démonstration pathétique de son appétit pour une vie heureuse et sa soif d’une mort héroïque. Tous ces mystères se résoudraient facilement dans la simplicité de tout son noble amour ; seulement, la différence, c’est qu’un amour d’une telle noblesse, neuf hommes sur dix en ont à peine entendu parler.
> Pour ce grand mystique, sa religion n’était pas une théorie mais une histoire d’amour[3].

---

[3] G.K. Chesterton, *Saint François d’Assise* Paris. Ed. Dominique-Martin Morin 1979 p. 13

François d'Assise s'est littéralement jeté dans les bras du Christ avec l'ardeur insouciante d'un homme qui aime éperdument. Il n'y avait aucun calcul prudent ni aucune préoccupation de ce que les autres pourraient penser. François a totalement pris Jésus au mot, en ayant foi en ce qu'il avait promis et en faisant ce qu'il avait dit. C'est ce que nous appelons la simplicité évangélique. Et François était maître en la matière.

Aussi simple qu'elle fut, la foi de François s'est souvent manifestée de façon extraordinaire. Un des moments les plus importants de la vie de cet homme, signe de sa consécration totale à l'Évangile, est son départ de la maison de son père. Ayant décidé de soutenir financièrement la restauration d'une petite église, François de Bernardone, du haut de ses vingt-quatre ans, avait vendu des tissus provenant de la boutique de son père, un marchand de draps, et investi le montant des recettes dans son projet. Lorsque Pierre de Bernardone apprit la supercherie, tout bien intentionné que fût son fils, il décida de le traîner devant le tribunal. Ce fut une épreuve douloureuse pour François qui, par peur de son père, se cacha à l'église Saint-Damien. Il n'en sortit que pour se présenter avec son père devant l'évêque local et mettre un terme une fois pour toutes à leur différend.

La conclusion fut des plus inattendues. François se tint devant l'audience réunie et déclara : « Ecoutez tous et comprenez ! Jusqu'à cet instant, c'est Pierre de Bernardone que j'ai appelé mon père. Mais puisque je me suis proposé de servir Dieu, je lui rends l'argent pour lequel il se tourmentait et tous les vêtements que j'ai reçus de ses biens, car dorénavant, je veux dire : *Notre Père qui es aux cieux,* et non plus *père Pierre de Bernardone*[4]. »

Le saint voleur se dépouilla alors de ses vêtements, les empila aux pieds de Pierre de Bernardone et les couronna des pièces de monnaie qu'il avait. Il demanda sa bénédiction à l'évêque et s'en alla dans la forêt enneigée. Et là, gelant, à moitié nu, et seul sans biens ni parents, François commença à chanter.

Pour saint François, lâcher les amarres du grand monde et le fardeau des richesses était une libération. Il n'était pas inquiet des conséquences de son choix. Il avait confiance, s'en remettant au Christ qui avait promis que *« tout homme qui aura quitté à cause de mon nom des maisons, des frères, des sœurs, un père, une mère, des enfants, ou une terre, recevra beaucoup plus, et il aura en héritage la vie éternelle »* (Mt 19, 29). Oui, François a pris cet Évangile à la lettre, comme il le fit pour toutes les paroles du Christ. Il vivait avec la conviction que Jésus voulait tenir sa promesse au lieu de traiter l'Évangile simplement comme une suggestion poétique digne d'admiration.

Sans doute ne sommes-nous pas appelés à une telle radicalité. Mais hélas, nous sommes si souvent paralysés par nos peurs que nous renonçons à prendre vraiment en compte l'Évangile. François d'Assise nous surprend et nous revigore parce qu'il n'avait pas peur. Il a embrassé l'Évangile avec une totale confiance et courage. Et les gens ne s'y sont pas trompés.

---

[4] Légende des Trois Compagnons 6, 20

### …er les valeurs de l'Évangile

À une époque où les abus et la corruption avaient beaucoup déformé la pratique chrétienne, Dieu a appelé François. Il fut un rappel vivant des valeurs fondamentales de l'Évangile que Jésus pratiquait et prêchait mille ans auparavant. Comme le pape Léon XIII le nota, Dieu donna à François d'Assise la grâce spéciale « d'inciter les chrétiens à la vertu, et de faire revenir à l'imitation du Christ ces hommes qui s'étaient égarés loin et longtemps ». Déjà lorsqu'il était archevêque, Jorge Mario Bergoglio louait le saint d'Assise parce « qu'il avait apporté au christianisme l'idée d'une pauvreté qui s'opposait au luxe, à l'orgueil, à la vanité et aux pouvoirs civils et ecclésiastiques de l'époque. Il changea l'histoire[5] ».

De nos jours, presque un millénaire après le témoignage de saint François, il semble que Dieu nous donne une nouvelle raison de nous le rappeler. Il a choisi le pape François en cette époque où tant de personnes ne sont plus que des chrétiens « culturels », pratiquant de manière absente les rites de la religion sans embrasser la plénitude du message de l'Évangile. Il n'est donc pas surprenant que la société laïque se sente de moins en moins attirée par ce christianisme creux. C'est pourquoi le pape nous interpelle : « La proposition de l'Évangile doit être plus simple, plus profonde, et rayonnante[6]. » Il nous invite à ne pas nous satisfaire du témoignage tiède d'une chrétienté à moitié

---

[5] Brian Bethune, "Suspension of Disbelief," *Maclean's* Special Edition, vol. 126, issue 13 (8 avril 2013), pp. 16–27.

[6] Pape François *L'Église que j'espère*. Entretien avec le Père Spadaro. Flammarion 2013.

vécue. À ce moment de l'histoire, nous avons besoin de rappeler au monde ce que le pape François appelle « la fraîcheur et le parfum de l'Évangile[7] ».

L'Église a besoin de cette perspective du pape François. L'Église catholique souffre actuellement d'une dramatique tension interne entre « libéraux » et « conservateurs ». Ces étiquettes émergent en grande partie de notre incapacité à suivre l'Évangile dans son intégralité. Peut-être avons-nous une grande vénération pour les sacrements que le Christ a institués mais nous omettons de manifester une attention tangible envers les pauvres qu'il aimait. À l'inverse, il peut nous arriver, avec ostentation, de tendre vers une compassion christique mais nous nous dérobons dès qu'il s'agit de tenir compte de l'autorité de l'Église que le Christ a établie.

Au milieu de telles dichotomies, le pape François cherche à trouver un équilibre. Comme saint François, il essaie de mettre en pratique l'Évangile. Et si ses méthodes incommodent un tant soit peu, là encore comme son homonyme, il ne semble pas s'en préoccuper. Après tout, le Christ produisait aussi cet effet, comme le cardinal Timothy Dolan le fait remarquer :

> Je trouve que le pape François est un contestataire… dans le bon sens, tout comme Jésus l'était. Il me dit, ainsi qu'à tout le monde, je pense : « Réexaminons notre approche des choses. Examinons si nous sommes fidèles à l'enseignement de Jésus, spécialement

7 Ibid. *L'Église que j'espère*

> lorsqu'il s'agit de l'amour, la joie, l'espérance, et la miséricorde[8]. »

En effet, en tant qu'individus et en tant qu'Église, nous ne pouvons progresser que si nous sommes vraiment fidèles au Christ. Le pape François l'entend ainsi. Après son élection à la papauté, il a donné une belle description du rôle du pape par rapport au Christ :

> Le Christ est le Pasteur de l'Église, mais sa présence dans l'histoire passe par la liberté des hommes : parmi eux l'un est choisi pour servir comme son vicaire, successeur de l'apôtre Pierre, mais le Christ est le centre, non le successeur de Pierre. Le Christ est le centre. Le Christ est la référence fondamentale, le cœur de l'Église. Sans lui, Pierre et l'Église n'existeraient pas et n'auraient pas de raison d'être[9].

C'est une notion que le nouveau pontife prend très au sérieux. Il veut remplir pleinement son rôle en faisant de son entière consécration au Christ sa tâche principale. Il a demandé qu'on prie pour lui à cet effet. « Et je vous demande d'avoir la charité d'une prière spéciale pour ma personne », a-t-il dit en s'adressant aux représentants des églises et des religions du monde « afin que je puisse être un Pasteur selon le cœur du Christ[10]. »

---

[8] Cardinal Timothy Dolan, interview dans *Today,* 2 Août 2013

[9] Pape François, Audience aux représentants des Moyens de Communication, Salle Paul VI, Samedi16 Mars 2013

[10] Pape François, Discours aux Représentants des Églises et des Communautés Ecclésiales, et des Différentes Religions, Salle Clémentine, 20 Mars 2013.

Agir selon le cœur du Christ signifie embrasser les priorités que le Christ a embrassées. Cela signifie de vivre selon les valeurs de l'Évangile qu'il a prêchées, valeurs qui sont en contradiction flagrante avec beaucoup de celles qui nous entourent actuellement. En tant que chrétiens nous sommes appelés à transformer le monde au lieu de laisser le monde nous transformer.

Le pape François a réfléchi à cela en termes de combat spirituel. Lors d'une retraite qu'il avait donnée aux évêques d'Espagne, alors qu'il était encore le Cardinal Bergoglio, il demanda :

> Quel est l'enjeu de ce combat ? C'est de savoir si dans mon cœur, ainsi que dans le cœur de l'Église et de l'humanité elle-même, le Royaume des Cieux sera établi, avec sa loi d'amour et le chemin de vie de Notre Seigneur : pauvreté, humilité, et service. Ou si le royaume de ce monde triomphera, avec ses lois et valeurs de richesse, de vanité et d'orgueil[11].

Comme saint François avant lui, le pape François veut suivre le Christ dans son *humilité*, sa *charité*, son *amour* pour l'*Église*, sa *paix*, et sa *joie*. Dans ce livre, nous verrons comment leur humilité se manifeste dans la pauvreté et le service ; comment leur charité s'étend aux plus démunis et aux opprimés ; comment ils aiment l'Église à la fois dans son autorité et dans les membres qui constituent son corps ;

---

[11] Jorge Mario Bergoglio, *In Him Alone Is Our Hope: The Church According to Pope Francis* (New York: Magnificat, 2013), p. 69.

comment la paix dans leurs cœurs aide à susciter la paix parmi leurs prochains ; et comment ils ont trouvé la joie à la fois dans la Croix et dans le Royaume de Dieu.

Bien sûr, nous ne pouvons réduire l'Évangile ou la profondeur de la foi des deux François à des catégories pratiques. Mais ces cinq thèmes majeurs émergent immanquablement lorsque nous considérons la vie et les écrits de ces hommes particuliers. Et il n'y a rien de surprenant à cela. Saint François d'Assise et le pape François cherchent tous les deux à imiter le Christ, qui a prôné ces valeurs dans sa vie et ses enseignements.

Plutôt que de faire une simple comparaison biographique entre les deux François, ce livre veut montrer comment ces hommes, chacun à sa manière, ont en commun la visée d'aimer le Christ et de vivre l'Évangile. C'est pourquoi je commence chaque chapitre avec des citations des deux François, suivies par un regard sur l'enseignement de Jésus par rapport à la valeur évangélique dont nous parlons. Ensuite je donne des exemples de la façon dont saint François et le pape François ont démontré leur attachement à cette valeur.

Finalement, nous nous arrêterons pour voir ce que nous pouvons apprendre des deux François, parce qu'en réalité ces valeurs évangéliques ne sont pas seulement valables pour les saints canonisés et les papes. Jésus nous appelle tous à l'humilité et à la charité. Il nous fait tous bénéficier de l'Église et offre à chacun d'entre nous sa paix et sa joie. C'est pourquoi chaque chapitre se termine par l'enseignement de l'Église sur ce sujet et par quelques questions pour nous aider à discerner la manière dont nous pouvons incorporer ces valeurs dans nos vies de membres du Peuple de Dieu.

# 1

# L'HUMILITÉ

*Voyez, frères, l'humilité de Dieu et devant lui épanchez votre cœur. Humiliez-vous, vous aussi, pour être exaltés par lui*[12].
**Saint François**

*Il en est toujours ainsi de l'amour de Dieu qui, afin de nous toucher, prend la voie de l'humilité (...) On ne peut prendre aucune autre route : si je ne m'abaisse pas moi-même, si vous ne vous abaissez pas vous-même, vous n'êtes pas chrétien*[13].
**Pape François**

Les deux François sont en bonne compagnie lorsqu'ils exaltent la vertu de l'humilité. Des saints innombrables et des théologiens à travers l'histoire ont écrit à profusion des éloges sur l'humilité. Pour saint Augustin, elle était le fondement de toutes les autres vertus et il enseignait que personne ne peut atteindre le Royaume des Cieux sans elle. Saint Vincent de Paul avait la conviction que l'humilité était l'arme la plus puissante pour vaincre le démon. Et Thérèse

---

[12] François d'Assise. Lettre à tout l'Ordre 28.

[13] Jose H. Gomez, « Praying with Our New Pope", *The Tidings Online,* 12 Avril 2013

d'Avila insistait sur le fait qu'un petit savoir sur l'humilité est plus précieux que toutes les connaissances au monde.
Mais même sans ces éloges, l'humilité resterait essentielle à la vie chrétienne. Ceux qui cherchent à imiter le Christ reconnaissent en lui le modèle de l'humilité. De son Incarnation dans le sein d'une pauvre jeune fille vierge jusqu'à sa mort sur la Croix, Jésus illustre sa volonté d'être humble aux yeux du monde. Ainsi que nous le lisons dans la lettre aux Philippiens : *« Devenu semblable aux hommes, reconnu homme à son aspect, il s'est abaissé lui-même devenant obéissant jusqu'à la mort, et la mort sur la Croix »* (2, 8).

Mais Jésus nous donne plus qu'un exemple d'humilité. Il nous invite clairement à la vivre. Dans l'Évangile de Matthieu, il dit : *« Quiconque s'élèvera sera abaissé et quiconque s'abaissera sera élevé »* (Mt 23, 12). Ce thème paradoxal réapparaît plusieurs fois dans les Évangiles, y compris deux répétitions exactes des mêmes mots dans l'Évangile de Luc.
Écoutons cette autre parole : *« Celui qui veut sauver sa vie la perdra ; mais celui qui perdra sa vie à cause de moi et de l'Évangile la sauvera » (*Mc 8, 35).
Ces deux paroles nous disent que, pour le Christ, l'humilité est le fondement d'une vie heureuse. Notre grandeur se mesure à notre humilité. *« Celui qui se fera petit comme cet enfant, celui-là est le plus grand dans le royaume des cieux »* (Mt 18, 4).

Dès ses débuts, l'Église reconnaît la centralité de l'enseignement du Christ sur l'humilité, que l'on retrouve dans les épîtres bibliques. La lettre de Jacques reformule succinctement les mots du Christ : *« Abaissez-vous devant le Seigneur et il vous élèvera »* (Jc 4, 10), pour affirmer : *« Dieu s'oppose aux orgueilleux, aux humbles il accorde sa grâce »* (Jc 4, 6). La première lettre de Pierre nous exhorte : *« Revêtez-vous tous d'humilité dans vos rapports les uns envers les autres »* (1 P 5, 5). Et : *« Abaissez-vous donc sous la main puissante de Dieu afin qu'en temps voulu il puisse vous élever »* (1 P 5, 6). Et la lettre aux Philippiens nous donne cette instruction : *« Ne soyez jamais intrigants ni vaniteux, mais ayez assez d'humilité pour estimer les autres supérieurs à vous-mêmes »* (Ph 2, 3).

Aussi n'est-il pas surprenant de voir que saint François et le pape François, dans leur engagement pour les valeurs authentiques de l'Évangile, mettent tous deux en avant l'importance de l'humilité. Cette vertu se manifeste chez eux de deux manières particulièrement frappantes : le choix de la pauvreté et l'exercice de l'autorité en tant que « maître-serviteur ».

Premièrement, à travers la pauvreté. Les deux François reconnaissent qu'un aspect indéniable de l'humilité du Christ est sa pauvreté. Il naît dans les conditions matérielles les plus humbles, de parents pauvres. Même durant les années de son ministère public, lorsque sa popularité est au plus haut, Jésus ne revendique pour lui-même ni confort ni richesse. *« Les renards ont des tanières et les oiseaux du ciel ont des nids, dit Jésus, mais le Fils de L'Homme n'a pas où reposer sa tête »* (Mt 8, 20).

Jésus espère de ses disciples qu'ils choisissent d'être pauvres. Au jeune homme qui cherche la perfection, Jésus dit : *« Si tu veux être parfait, va, vends ce que tu as et donne-le aux pauvres et tu auras un trésor dans le ciel, puis viens, suis-moi »* (Mt 19, 21). Lorsqu'il envoie ses disciples prêcher l'Évangile, il les instruit sur la pauvreté : *« N'emportez ni bourse, ni sac, ni sandales »* (Lc 10, 4). Et il leur enseigne l'importance de déplacer leur centre d'intérêt du matériel vers la « richesse » spirituelle lorsqu'il dit à ceux qui le suivent : *« Vendez ce que vous possédez et donnez-le en aumône ; faites-vous des bourses qui ne s'usent pas, un trésor inépuisable dans les cieux, là où les voleurs n'approchent pas, où la mite ne détruit pas. Car là où est votre trésor, là aussi sera votre cœur »* (Lc 12, 33-34).

Jésus insiste aussi sur la nature intérieure de la pauvreté. Avoir peu de biens ne vaut pas grand-chose si cela rend amer ou envieux. Jésus, au contraire, dit : *« Heureux les pauvres de cœur : le Royaume des cieux est à eux ! »* (Mt 5, 3). La pauvreté chrétienne se situe au-delà d'une liste des biens que nous possédons ou pas. Elle s'étend à notre esprit de possession en général. Ainsi la pauvreté implique « l'abandon » du désir de posséder honneurs et prestige.

Jésus révèle ce qu'est l'humilité en étant lui-même un « maître-serviteur ». Il dit à ses disciples : *« Celui qui est le plus grand parmi vous sera votre serviteur »* (Mt 23, 11).
L'exemple le plus marquant en est le soir de la Cène, lorsque Jésus lave les pieds de ses disciples. Après s'être penché pour accomplir cette humble tâche, Jésus s'explique : *« Comprenez-vous ce que je viens de faire ? Vous m'appelez 'Maître' et 'Seigneur', et vous avez raison, car vraiment je le suis. Si donc moi, le Seigneur et le Maître, je vous ai lavé les pieds, vous aussi vous devez vous laver les pieds les uns aux*

*autres. C'est un exemple que je vous ai donné afin que vous fassiez, vous aussi, comme j'ai fait pour vous »* (Jn 13, 12-15).

La notion d'humilité en soi peut paraître abstraite ou intangible, mais la manière concrète de vivre la pauvreté et d'être « maître-serviteur » en donne toute sa substance. En nous tournant vers la vie et les écrits de saint François d'Assise et du pape François, nous verrons des exemples concrets de la façon dont ils embrassent la valeur évangélique de l'humilité.

## Saint François et la Pauvreté

Connu parfois simplement comme le *Poverello,* le « petit pauvre », saint François a une dévotion si particulière à la pratique humble de la pauvreté qu'elle est la « marque déposée » de sa sainteté. Pour lui, aimer les pauvres et les servir n'est pas suffisant. Il doit être pauvre, et même cela n'est pas assez, il veut être pauvre comme le Christ lui-même était pauvre, mettant toute sa confiance en la providence de son Père des Cieux.

Cependant, à la différence du Christ, saint François n'avait pas commencé sa vie dans la pauvreté. Né dans la riche famille des Bernardone en l'an 1181, François grandit dans tout le confort matériel. Durant sa jeunesse, il aimait parader dans Assise, petite ville de l'Italie centrale, vêtu de beaux atours, dépensant l'argent de ses parents en divertissements avec ses amis. Sa mère estimait d'ailleurs que son fils avait davantage l'air d'un prince que d'un fils de marchand. Mais finalement, François renonça à cette impétuosité mondaine et à ses richesses.

L'une des premières manifestations du désir de pauvreté chrétienne de François eut lieu un jour qu'il retournait à Assise après avoir vendu des tissus de son père dans une ville voisine. Avec son cœur nouvellement attiré par l'amour de Dieu, François ressentit soudain comme un fardeau l'argent qu'il avait sur lui. Et il résolut de s'en débarrasser.

Arrivant aux alentours de l'église délabrée de Saint Damien, François y entra et trouva le prêtre. Il embrassa les mains du pasteur et lui offrit l'argent. Ce fut un choc pour le prêtre qui connaissait François ; pour lui, c'était un jeune frivole et insensé et il refusa l'argent qui venait de son père. François, cependant, jeta l'argent sur le rebord de la fenêtre. Le désir unique qui grandissait en lui était de chercher le trésor des cieux.

Cette inclination à se libérer des biens terrestres se confirma bientôt dans l'âme de François. Alors qu'il assistait à la messe, il entendit la lecture de l'Évangile qui inspira tout au long de sa vie sa dévotion à l'idéal qu'il invoquait sous le nom de « Dame Pauvreté » : *« Vous avez reçu gratuitement ; donnez gratuitement. Ne prenez ni or, ni argent, ni monnaie dans vos ceintures, ni sac pour votre voyage, ni deux tuniques, ni sandales, ni bâton »* (Mt 10, 8). En entendant cette lecture, François s'écria : « Voilà ce que je veux, voilà ce que je cherche, ce que, du plus profond de mon cœur, je brûle d'accomplir[14]. » Aussitôt après il ôta ses chaussures et

[14] 1 Celano 9, 22

changea sa ceinture pour une simple corde qui deviendrait le symbole de l'habit franciscain.

Cette résolution passionnée n'était pas une lubie passagère. Les hommes qui commencèrent à suivre François étaient attirés par lui en partie pour son adhésion radicale à la pauvreté évangélique. La voie qu'ils choisissaient n'était pas facile, ni laissée au hasard ou à des penchants personnels. François avait exprimé clairement et distinctement ses attentes austères dans sa première règle :

> Les frères qui ont promis obéissance auront une tunique avec un capuchon et une autre sans capuchon si c'est nécessaire, une corde et des braies. Tous les frères porteront des vêtements bon marché et pourront les rapiécer de grosse toile et autres morceaux de tissu, avec la bénédiction de Dieu[15].

Non seulement la garde-robe était sommaire, mais il était hors de question de posséder autre chose. Voici ce que dit François, un peu plus bas dans sa Règle :

> Aucun frère, donc, où qu'il soit et où qu'il aille, ne doit en aucune manière, prendre, recevoir ni se faire donner des pièces d'or ou de l'argent pour acheter des vêtements ou des livres, ni comme prix d'un travail, ni en aucune circonstance, sauf en cas de nécessité évidente pour les frères malades, car nous ne devons

[15] Première Règle 2, 13- 14.

> pas attribuer plus d'utilité ou plus d'importance à des pièces d'or ou de l'argent qu'à des cailloux[16].

En dépit de ces strictes contraintes, la communauté des Frères mineurs se développait et l'humble simplicité demeurait la caractéristique de leur charisme.

Une fois, cependant, François, revenant d'un voyage, fut choqué de trouver un petit bâtiment de pierre érigé près du « berceau » franciscain, à la petite chapelle de Sainte-Marie-des-Anges à Assise, connue sous le nom de la Portioncule. La nouvelle structure était occupée par quelques frères. Parce que posséder un tel édifice était contraire à la pauvreté parfaite, François décida par lui-même de grimper sur le toit et commença à en arracher les tuiles[17]. Comme ses compagnons s'empressèrent de l'en empêcher, il mit fin à son projet de déconstruction mais leur cria :

> Mes frères, mes frères, Dieu m'a appelé par la voie de la simplicité et m'a montré la voie de la simplicité. Je ne veux pas que vous me parliez de quelque règle que ce soit, ni celle de saint Augustin, ni de saint Bernard, ni de saint Benoît. Et le Seigneur m'a dit qu'il voulait que je sois, moi, un nouveau fou dans le monde. Et Dieu n'a pas voulu nous conduire par une autre voie que par cette science[18].

---

[16] Première Règle 8, 3.

[17] 2 Celano 57

[18] Compilation d'Assise, 18.

Les dernières instructions que François donna avant de mourir avaient dû en partie être motivées par le souvenir de cette malheureuse scène. En dictant ses dernières exhortations concernant la pauvreté, il déclara :

> Que les frères prennent garde de ne recevoir absolument églises, pauvres habitations et tout ce qu'on construit pour eux, si cela n'est pas conforme à la sainte pauvreté que nous avons promise dans la Règle, logeant toujours là comme *des étrangers et des pèlerins*[19].

Même lorsque l'Ordre, qui grandit rapidement durant la vie de François, se rassemblait pour le Chapitre de la Pentecôte, François insistait pour maintenir leur style de vie austère. En l'année 1221, alors que quelque cinq mille frères se retrouvaient en chapitre, aucune maison d'accueil n'avait été prévue, et pas même une tente n'avait été plantée. Au lieu de cela, la Fraternité de mendiants n'eut d'autre option que de dormir dehors, sur le sol ; les seuls aménagements étant un morceau de bois ou une pierre en guise d'oreiller et une natte de paille en option sur laquelle se coucher. D'où l'appellation de *« Chapitre des Nattes »*.

La Providence de Dieu se manifesta de bien d'autres manières durant ce chapitre. François et ses frères n'avaient assigné à aucun d'eux la tâche de cuisinier, et n'avaient quêté aucune nourriture pour toute cette foule. Au lieu de cela, François prêchait sur l'humilité et la pauvreté enseignées par l'Évangile et invitait ses frères à « être diligents dans la prière

---

[19] François d'Assise, *Testament*, 18.

et la louange à Dieu sans vous soucier de votre nourriture corporelle car le Christ a expressément promis d'y pourvoir pour vous ». Les hommes écoutaient et mettaient en pratique son exhortation, laissant tout pour aller prier.

Selon une tradition, saint Dominique assistait au Chapitre, et il se demandait s'il était prudent de ne pas prendre en considération les besoins de ces milliers d'hommes affamés. Mais la question fut résolue par l'apparition soudaine d'une longue procession d'habitants de la ville. En l'honneur de leur saint local bien-aimé et de ses pauvres frères, ils venaient à eux, menant des ânes chargés de haricots, de fromages, de pain et de vin. Tous mangèrent à satiété. L'histoire nous dit alors que Dominique prit la résolution d'observer la pauvreté évangélique et de la faire appliquer par les fils de son Ordre également.

## Le pape François et la pauvreté

« Mon peuple est pauvre et je suis l'un d'entre eux. » C'est ainsi que le pape François répondit lorsqu'on le questionna sur l'austérité de son mode de vie. Effectivement, Mario Bergoglio n'a jamais été quelqu'un qui évite le peuple des pauvres ni refusé pour lui-même la pauvreté.

Le pape François n'a pas grandi dans la pauvreté, mais le matérialisme n'a pas non plus marqué son enfance. Il est l'aîné de cinq enfants de modestes immigrés italiens. Son père était comptable pour les chemins de fer en Argentine, sa mère femme au foyer, prenant soin d'une existence domestique modeste et frugale.

Les Bergoglio se considéraient heureux d'avoir à manger, des vêtements et une maison. Malgré tout, ils n'ont jamais possédé de voiture ni pris de vacances. Les enfants ont grandi en appréciant la sécurité matérielle plutôt que de la prendre pour acquise. Ils finissaient toujours leur assiette et de nouveaux vêtements étaient considérés comme une extravagance. Cela a fondé les bases d'une compassion et d'une empathie envers ceux qui ne bénéficiaient pas d'une sécurité matérielle.

Le père de Jorge croyait en l'apprentissage de la valeur du travail dès le plus jeune âge. C'est pourquoi, il insista pour que Jorge travaille à l'usine dès l'âge de treize ans. Jusqu'à ce jour, il reste reconnaissant à son père de lui avoir instillé le sens de la dignité du travail.

Au moment de son élection à la tête des 1,2 milliard de catholiques romains du monde, nous connaissions peu de choses sur le cardinal Bergoglio. Mais, très rapidement, des observateurs ont vu en lui un homme d'une remarquable humilité manifestée dans son amour pour les pauvres et sa pratique personnelle de la pauvreté.

L'une des premières manifestations de cette humilité fut son apparition au balcon de Saint-Pierre dans une simple soutane blanche au lieu du traditionnel manteau rouge garni d'hermine. Il portait de simples chaussures noires au lieu des habituels mocassins papaux rouges. (Sa paire de chaussures noires était un cadeau d'amis de Buenos Aires qui étaient gênés d'envoyer leur cardinal au conclave papal dans les vieilles chaussures tout abîmées qu'il avait l'habitude de porter.)

Après son apparition aux foules, le nouveau pape refusa la voiture et le chauffeur qu'on avait mis à sa disposition et prit la navette avec ses frères cardinaux pour retourner à la maison Sainte-Marthe où ils étaient logés pendant le conclave. Le lendemain, de très bonne heure, il a quitté discrètement le Vatican dans une voiture modeste au lieu de la Mercedes prévue pour se rendre à Sainte-Marie-Majeure rendre grâce à la Sainte Vierge.

Même le *New York Times* a souligné ces signes d'humilité : « François portait de simples chaussures noires, et au poignet une montre ordinaire avec un épais bracelet noir pour sa première messe en tant que pontife […] Dans une institution aussi ancienne où le style traduit la substance, François, en ses premières vingt-quatre heures en tant que pape a considérablement changé le ton de la papauté[20].»

Mais le tout premier signe, et peut-être celui qui en dit le plus sur la dévotion du pape à la pauvreté fut le choix de son nom. Il choisit François. Il expliqua sa décision dans une audience aux membres des medias le troisième jour après son élection :

> À l'élection, j'avais à côté de moi l'archevêque émérite de São Paulo et préfet émérite de la Congrégation pour le clergé, le cardinal Claudio Hummes : un grand ami, un grand ami ! Quand la chose devenait un peu dangereuse, lui me réconfortait. Et quand les votes sont montés aux deux tiers, l'applaudissement habituel a eu

---

[20] Rachel Donadio, "With Simple Actions and Dress, New Pope Shifts Tone at Vatican," *The New York Times*, 14 mars 2013.

> lieu, parce que le Pape a été élu. Et lui m'a serré dans ses bras, il m'a embrassé et m'a dit : « N'oublie pas les pauvres ! » Et cette parole est entrée en moi : les pauvres, les pauvres. Ensuite, aussitôt, en relation aux pauvres, j'ai pensé à François d'Assise. Ensuite j'ai pensé aux guerres, alors que le scrutin se poursuivait, jusqu'à la fin des votes. Et François est l'homme de la paix. Et ainsi est venu le nom, dans mon cœur : François d'Assise. C'est pour moi l'homme de la pauvreté, l'homme de la paix, l'homme qui aime et préserve la création ; en ce moment nous avons aussi avec la création une relation qui n'est pas très bonne, non ? C'est l'homme qui nous donne cet esprit de paix, l'homme pauvre […] Ah, comme je voudrais une Église pauvre et pour les pauvres[21] !

Quand il prit sa nouvelle fonction, qui n'est pas typiquement associée à la pratique de la pauvreté, le pape François, par son nom, établit un rappel constant de son engagement à la pauvreté. A chaque mention de « pape François », il fera penser au *Poverello.*

Comme cela s'est rapidement confirmé, ce choix n'était pas un effet d'annonce. L'homme était réellement pauvre et humble. Lorsqu'il fut nommé évêque de Buenos Aires en 1998, Bergoglio choisit de vivre dans un petit appartement au deuxième étage d'un bâtiment de l'évêché au lieu de résider dans la grande demeure réservée aux évêques. Il déclina

---

[21] Pape François, Audience aux Représentants des Moyens de Communication, Salle Paul VI, Samedi 16 Mars 2013,

l'offre d'avoir du personnel de maison, préférant faire la cuisine lui-même et il ne dînait jamais dehors ni ne se rendait à des fêtes. Il notait tous ses rendez-vous lui-même dans un petit carnet noir qu'il portait dans sa poche.

Les récits sur sa simplicité ne manquent pas. Lorsqu'il fut élevé au rang de cardinal en 2001, Bergoglio s'est fait retoucher à ses mesures les soutanes de ses prédécesseurs. Au lieu d'utiliser une limousine ou même un taxi pour aller à la cathédrale ou sortir en ville pour s'occuper des gens, il prenait le bus ou le métro vêtu comme un simple prêtre, et c'est en classe économique qu'il voyageait à l'étranger.

Une fois, alors qu'il allait visiter une paroisse dans un quartier pauvre, frère Jorge - c'est ainsi que l'évêque préférait se faire appeler, prit le bus comme d'habitude. Plus tard dans la soirée, un maçon l'approcha et lui dit avec émotion : « Je suis fier de vous, parce que quand je suis venu ici avec mes collègues dans le bus, je vous ai vu assis sur l'un des sièges du fond, comme l'un d'entre nous. Je leur ai dit que c'était vous mais personne ne m'a cru. »

Ces anecdotes, et bien d'autres similaires, ont capté l'attention d'un nombre incalculable de personnes à partir du moment où nous avons entendu les mots *« Habemus Papam ! »* De fait, le pape François a gagné l'attention, si ce n'est l'admiration, du monde entier par son humble et volontaire simplicité.

.

Pour le pape François, comme pour saint François d'Assise, la pauvreté fut un choix. Un choix qu'il fit en entrant dans la Société de Jésus - les jésuites - fondée par saint Ignace de Loyola (dont, au passage, la conversion fut inspirée par l'exemple de saint François d'Assise). Le 2 avril 1973, Jorge Bergoglio prononça ses vœux perpétuels, promettant de vivre une vie de pauvreté et fit aussi le serment de ne consentir à aucun relâchement dans l'observance de la pauvreté par la Société de Jésus. C'est un engagement qu'il continue de tenir, même si l'opportunité ou la tentation de s'en éloigner sont constamment présents. Non seulement il est solidaire des pauvres qu'il aime et qu'il sert, mais il imite aussi la pauvreté-même du Christ.

## Saint François et le Maître-Serviteur

Bien longtemps avant que l'expression « maître-serviteur » ne fasse le buzz dans les réseaux chrétiens, Saint François fut un maître qui servait ses disciples. Et il en avait beaucoup. Au vu des groupes qui se formaient pour suivre François, il aurait pu s'entourer de personnes toutes dévouées à son service. Mais fidèle à sa dévotion à l'Évangile et à l'exemple du Christ, il choisit délibérément de rester un humble serviteur. Il n'usait pas de son influence pour manipuler ou contraindre les autres, mais il essayait toujours de diriger par l'exemple et évitait tout abus de pouvoir. Il écrivit dans sa Règle :

> Les frères n'exerceront ni domination ni pouvoir sur qui que ce soit mais surtout pas entre eux. Comme le Seigneur le dit dans l'Évangile : *Les princes des peuples leur commandent en maître et les plus grands exercent sur eux leur pouvoir. Il n'en sera pas ainsi entre les frères. Celui qui voudra être le plus grand*

*parmi eux, se fera leur ministre et serviteur* ; et *celui qui est le plus grand se fera le plus petit*[22].

Concernant la pauvreté, François attendait évidemment de ceux qui rejoignaient son groupe de frères qu'ils embrassent l'esprit d'humilité dans le service. Même l'usage de titres était affecté par le principe de sauvegarde de l'humilité. François désirait que « personne ne soit appelé Prieur ». Ils devaient tous être connus comme « Frères mineurs » sans distinction, et ils devaient être prêts à se laver les pieds les uns aux autres.

L'appellation de « Frères mineurs » ou « Petits frères » marquait une dissociation délibérée de la classe dirigeante de la ville d'Assise. Les *majeurs* étaient les nobles, les chevaliers, et les seigneurs, tandis que les *mineurs* étaient le petit peuple. François choisit de s'identifier, ainsi que ses frères, à la classe la plus basse de la société. Parmi les premiers disciples de François, certains étaient des citoyens nantis d'Assise ; ils faisaient ainsi partie des *majeurs* qui choisirent de devenir *mineurs* dans un sincère esprit d'humilité.

Bien sûr, tout groupe nécessite des responsables, mais François désirait qu'ils occupent ces positions dans un esprit de service. Il s'adressait à eux par l'humble titre de « ministres », c'est-à-dire serviteurs et il énonça dans sa première Règle que les frères qui étaient élus ministres étaient « de ce fait les serviteurs des autres frères » et que « les ministres et serviteurs se rappellent ce que dit le

[22] Première Règle 5, 9-12 ; (Citation de Mt 20, 25-27).

Seigneur : *Je ne suis pas venu pour être servi mais pour servir* (Mt 20, 28). »[23]

Pour s'assurer que les frères détenant l'autorité utilisaient leur pouvoir pour le bien des autres, François favorisa la *correction fraternelle*. Il écrivit ainsi que les frères « considèrent raisonnablement et soigneusement les faits de ces ministres »[24]. L'encouragement à la correction fraternelle avait pour but de favoriser une atmosphère de service authentique. Personne, quelle que soit sa responsabilité, n'était exempté de la correction fraternelle.

Ce désir de vivre la correction mutuelle était au centre de la spiritualité de François. Dans les *Fioretti* par exemple, nous pouvons lire le récit de l'échange avec frère Bernard, qui n'avait pas répondu tout de suite à l'appel de François. Ce dernier en ressentit de la frustration, puis il réalisa que frère Bernard était en train de prier. Alors François se reprocha à lui-même d'attendre de frère Bernard qu'il vienne immédiatement à son appel. Il se jeta à terre devant Bernard et lui demanda de lui dire : « Reste étendu, rustre, fils de Pierre de Bernardone ; d'où te vient tant de superbe, à toi qui es la plus vile des créatures[25] ? » Il y a des anecdotes semblables en abondance.

Outre la pratique de la correction mutuelle, François comprit aussi qu'un authentique maître-serviteur devait suivre le même chemin que celui par lequel il entraînait les

[23] Première Règle 4

[24] Première Règle 5, 3.

[25] Fioretti 3

autres à le suivre. Une fois, il ordonna à Frère Rufin d'aller à Assise pour prêcher aux gens ce que Dieu lui inspirerait. Bien que Rufin appartienne à l'une des plus nobles familles de la ville, il n'avait pas le don de la prédication. L'implorant de le dispenser de cette mission, il rappela à François sa simplicité et son ignorance. Mais François ignora cette excuse. Au contraire, il obligea le bon frère à partir prêcher en caleçon afin de lui donner une leçon d'humilité.
Rufin était à la fois humble et obéissant. Il partit pour la ville, entra dans l'église, marcha jusqu'à l'autel, et commença à prêcher torse nu au milieu des rires d'enfants et des railleries des gens de la ville. Pendant ce temps, François commençait à se demander comment il avait pu commander à l'un des plus nobles citoyens d'Assise de prêcher au peuple dans un tel état, comme un insensé. Il se dit : « Par Dieu, je vais m'assurer que tu fasses l'expérience de ce que tu ordonnes aux autres de faire ! »
Comme tout maître-serviteur le ferait, François fit face au défi de ses propres demandes. Il ôta son habit, alla en ville, et entra dans l'église où Rufin était en train de prêcher. Ainsi les deux hommes endurèrent les moqueries de la population de la ville, qui, à la vue de ces deux fous, avait maintenant doublé.

Lorsque frère Rufin arriva à la fin de sa prédication, François monta en chaire et prêcha avec éloquence sur la pénitence, la pauvreté, la nudité et les humiliations subies par le Christ. Á la fin, la foule était émue aux larmes par le courage des humbles frères. Beaucoup pleurèrent tellement de tout leur cœur à l'écoute de la Passion du Christ que Rufin et François devaient les consoler et les bénir avant de remettre leurs vêtements et s'en retournèrent en louant Dieu[26].

## Le pape François et le Maître-Serviteur

Après avoir prononcé ses vœux perpétuels, chaque jésuite fait cinq vœux simples supplémentaires. L'un de ceux-ci est l'engagement de ne jamais s'efforcer ou ambitionner d'atteindre un haut rang dans l'Église, comme devenir évêque. Cela signifie que Jorge Mario Bergoglio – l'évêque, le cardinal, le pape – fit le vœu de ne pas chercher à accéder à l'un de ces postes. Sans doute, contrairement aux dignitaires et dirigeants du monde, le rôle qu'il joue n'est pas celui qu'il désirait, auquel il se préparait, ni le dessein qu'il poursuivait.

Le pape, en riant, répondit à une petite fille qui lui demandait s'il avait voulu être pape : « Non, je ne voulais pas devenir pape ». Il lui expliqua que quiconque veut être pape ignore ce qui est dans son intérêt. C'est un rôle qui lui a été imposé. C'est un rôle qu'il embrasse parce qu'il a accepté l'appel de Dieu, et non parce qu'il pensait avoir tout ce qu'il faut pour ce travail[27].

Ainsi qu'il l'a dit humblement aux cardinaux lorsqu'ils l'ont élu : « Je suis un pécheur mais j'ai confiance en l'infinie miséricorde et la patience de Notre-Seigneur Jésus-Christ, et j'accepte dans un esprit de pénitence. » Même alors qu'il assume sa mission de conduire la plus grande et la plus

---

[26] Fioretti 30

[27] Carol Glatz, "Goodbye to Reading 'Boring' Text," *Catholic Herald*, 13 juin 2013.

ancienne institution du monde, il joue le rôle de serviteur, un rôle qu'il désire vraiment, auquel il s'est préparé, et auquel il aspire chaque jour.

Le mardi 19 mars 2013, en la solennité de saint Joseph, le pape François portait à son doigt une bague avec l'image de saint Pierre tenant les clés du royaume et sur ses épaules le pallium, signe de son autorité. Six cardinaux, représentant tout le Collège des Cardinaux lui promirent obéissance. Tandis qu'il était en train d'accéder à la position suprême dans l'Église et de devenir l'un des hommes les plus puissants au monde, il a clairement exprimé sa vision de maître-serviteur. Pendant la célébration de sa messe inaugurale, il dit :

> Aujourd'hui, en même temps que la fête de saint Joseph, nous célébrons l'inauguration du ministère du nouvel évêque de Rome, successeur de Pierre, qui comporte aussi un pouvoir. Certes, Jésus-Christ a donné un pouvoir à Pierre, mais de quel pouvoir s'agit-il ? À la triple question de Jésus à Pierre sur l'amour, suit une triple invitation : sois le pasteur de mes agneaux, sois le pasteur de mes brebis[28].

N'oublions jamais que le vrai pouvoir est le service et que le Pape aussi pour exercer le pouvoir doit entrer toujours plus dans ce service qui a son sommet lumineux sur la Croix ; il doit regarder vers le service humble, concret, riche de foi, de

28 Pape François, Homélie, Messe Solennelle d'Inauguration de son Pontificat, le 19 Mars 2013, Solennité de St Joseph.

saint Joseph et comme lui, ouvrir les bras pour garder tout le Peuple de Dieu et accueillir avec affection et tendresse l'humanité tout entière, spécialement les plus pauvres, les plus faibles, les plus petits.

Les références au service humble, concret et fidèle n'étaient pas de vains mots idéalistes. Le pape François décrivait une vie de maître-serviteur qu'il avait déjà vécue. Par exemple, trois mois seulement après avoir fait ses vœux perpétuels de jésuite, frère Bergoglio fut élu provincial, la position la plus haute de l'ordre en Argentine. Mais six ans plus tard il devint recteur du séminaire à San Miguel. Ce fut, dans les faits, un changement de statut. Et tout recteur qu'il était, il faisait la cuisine pour les étudiants ! C'est comme si le gouverneur d'un État prenait un travail de principal d'école et passait ses après-midi à travailler à la cafétéria de l'école !

Plus tard, en tant qu'évêque et cardinal de Buenos Aires, Bergoglio s'engagea à servir les prêtres du diocèse. Il était connu pour cuisiner pour ses prêtres de temps en temps et il était disponible pour eux chaque jour. Chaque matin, il se réservait une heure spécialement pour prendre des appels de ses prêtres sur un téléphone portable réservé pour eux. Et ils étaient presque quatre mille !

Lorsqu'il fut élevé au Siège de Pierre, les humbles gestes du maître-serviteur sont rapidement devenus la marque de sa papauté. Juste après son élection, il s'est poliment écarté du rang des officiels du Vatican pour saluer les personnes du public qui avaient attendu pendant des heures dehors. Ses premiers mots adressés aux fidèles rassemblés place Saint-Pierre et dans le monde entier furent « frères et sœurs ». Puis, après avoir offert de prier pour son prédécesseur, il s'inclina humblement devant eux et leur demanda leurs prières. Toute la place Saint-Pierre devint totalement silencieuse et ce fut un des moments les plus extraordinaires.

Le lendemain de son élection, lors de sa messe pour l'Église, avec tous les cardinaux électeurs, le pape François marcha jusqu'à l'ambon pour donner son homélie, au lieu de la donner de son siège, comme c'est l'usage pour un pape. Le deuxième jour de sa fonction, le pape s'est rendu secrètement, dans une voiture banalisée, sans beaucoup d'entourage, à un hôpital de Rome pour visiter le cardinal Jorge Mejia, qui avait souffert d'une attaque durant le conclave. Après une visite d'une demi-heure, il s'arrêta pour prier à la chapelle avec les treize sœurs qui travaillaient à l'hôpital, prenant le temps ensuite de les saluer individuellement, ainsi que d'autres personnes qui se trouvaient dans la chapelle.

Le pape François décida rapidement d'éviter le trône traditionnel souvent utilisé par les papes dans les réunions avec des chefs religieux et les diplomates. Il préfère un fauteuil ordinaire, non pas sur une estrade élevée mais au même niveau que les autres. Quelques jours après son élection, il rencontra le pape émérite Benoît XVI à Castel Gondolfo. Lorsque les deux hommes entrèrent dans la chapelle pour prier, le pape émérite offrit la place d'honneur au nouveau pape, mais François refusa. Il voulait qu'ils s'agenouillent ensemble sur le même prie-Dieu, et dit : « Nous sommes frères. »

Et puis il y eu les appels téléphoniques. À la suite de son élection, le pape François appela sa sœur pour lui dire qu'il allait bien, mais elle était tellement émue qu'elle ne trouvait pas ses mots. Elle rapporta plus tard qu'il continua alors de lui répéter : « Ne t'en fais pas, je vais bien, prie pour moi. » Et il lui dit qu'il n'appellerait pas le reste de la famille parce qu'il ne voulait pas peser sur la note de téléphone du Vatican !

Il entreprit ensuite d'appeler le Préposé général des jésuites, mais c'est le réceptionniste qui prit son appel :

- Bonjour, c'est le pape François, j'aimerais parler au Préposé général.
- Puis-je vous demander de la part de qui ? Le pape réalisa que le jeune italien ne le croyait pas alors il répéta gentiment : « Sérieusement, c'est de la part du pape François. Quel est votre nom ? »
- Je m'appelle Andrew.
- Comment allez-vous Andrew ? lui demanda le pape.
- Bien, pardonnez-moi, je suis juste un peu désorienté.
- Le Saint Père répondit : « Ne vous inquiétez pas, pourriez-vous s'il vous plaît me mettre en relation avec le Préposé général ? Je voudrais le remercier pour la belle lettre qu'il m'a envoyée. »
- Pardonnez-moi votre sainteté, je vous mets en relation tout de suite, dit le réceptionniste
- Pas de problème. J'attendrai autant que nécessaire.

Ainsi parla le chef religieux le plus important du monde.

Quand il appela l'évêque de Buenos Aires pour savoir comment il allait, une sœur répondit au téléphone et demanda :

- De la part de qui ?
- Frère Jorge, dit-il.
- Votre sainteté ? répondit-elle tout étonnée
- Oh, allons, c'est frère Jorge, rétorqua-t-il

Il appela aussi son dentiste en Argentine pour annuler ses rendez-vous. Il appela le patron d'un kiosque de Buenos Aires pour lui dire qu'il n'aurait plus besoin que les journaux lui soient livrés. Il appela son cordonnier en Argentine. Il appela aussi une femme qui lui avait écrit pour demander de l'aide après qu'elle ait été violée deux fois, et un homme italien désespéré après le meurtre de son frère.

Le jour de sa messe inaugurale, le pape François n'oublia pas les milliers de personnes de son peuple rassemblées sur la place principale de Buenos Aires, ayant passé la nuit dans l'attente de la retransmission de la messe à la télévision. À 3h32 du matin, ils entendirent la voix de leur ancien cardinal. Il avait appelé le portable du recteur de la cathédrale, qui s'était arrangé pour se connecter sur les haut-parleurs installés à l'extérieur de la cathédrale :

> Chers fils et filles, je sais que vous vous êtes rassemblés sur la place. Je sais que vous priez, j'en ai beaucoup besoin. Nous sommes tous unis. Nous prenons soin les uns des autres, et continuez de prier pour moi. Prier est si beau. Cela signifie de regarder vers les cieux et dans notre cœur. Nous savons que nous avons un bon Père qui est Dieu.

Par ses paroles autant que par ses actes, il est clair que le principe de maître-serviteur sera le thème central du pontificat du pape François. Dans une homélie à la cathédrale de Buenos Aires en 2001, il avait dit : « Le pouvoir n'est rien que le service. Le pouvoir n'a de sens que dans le service du bien commun. » Et dans une interview au sujet de l'éducation, le cardinal Bergoglio avait capté l'essentiel du principe de maître-serviteur :

> Autorité vient du latin *augere*, qui signifie « faire croître ». Avoir de l'autorité n'est pas être un oppresseur. L'oppression est une distorsion de l'autorité. Lorsque l'autorité est exercée correctement, elle implique de créer un espace dans lequel une personne peut s'épanouir. Quiconque ayant de l'autorité est capable de créer de l'espace pour la croissance [...] Le mot autorité est devenu synonyme de « c'est moi qui commande ici » ; mais « avoir le dessus » ne veut pas dire donner des ordres et imposer mais servir.

Fondamentalement, le maître-serviteur se modèle à partir de l'exemple du Seigneur. Le pape François est serviteur parce que c'est ce que Jésus nous a dit de faire. Le cardinal Bergoglio fait remarquer que « Jésus dit que celui qui commande doit être comme un serviteur. Le vrai pouvoir de la responsabilité religieuse vient du service. Et dans une homélie à la messe quotidienne du 21 mai, 2013 le pape François dit aussi :

> Le vrai pouvoir se trouve dans le service. Tout comme Jésus, qui n'est pas venu pour être servi mais pour

servir. Son service a été vu sur la Croix. Il s'est humilié jusqu'à la mort. Il est mort sur la Croix pour nous, pour nous servir, pour nous sauver. C'est sur cette voie que l'Église avance. Pour les chrétiens, avancer, progresser, signifie s'humilier soi-même. Si nous n'apprenons pas cette règle chrétienne, jamais nous ne serons capables de comprendre le vrai message de Jésus sur le pouvoir.

## Pistes de réflexion et d'action

- Catéchisme de l'Eglise catholique, 520 : « Durant toute sa vie, Jésus se présente lui-même comme notre modèle. Il est « l'homme parfait » qui nous invite à devenir ses disciples et à le suivre. En s'humiliant Lui-même, Il nous a donné un exemple à imiter, par sa prière il nous attire à la prière, et par sa pauvreté il nous appelle à accepter librement la privation et les persécutions.

**Je réfléchis :** Comment puis-je grandir dans l'imitation de l'humilité du Christ ? Quels aspects de son humilité est-ce que j'aime suivre ? Quels éléments est-ce que j'ignore ou évite ?

- Saint François d'Assise aimait la pauvreté. Il personnifia cette vertu en lui attribuant les termes attachants d'une épouse ; elle était sa « Dame Pauvreté » et il lui était dévoué. À travers sa consécration à la pauvreté, il a trouvé la libération. Parce qu'il s'était déchargé du fardeau des attaches matérielles, il était libre de suivre le Christ sans réserve.

**Je réfléchis :** Quelle est ma pratique concrète de la pauvreté ? Est-ce que mes possessions matérielles restreignent ma liberté de suivre le Christ ? Si tel est le cas, à quoi suis-je spécialement attaché ? Comment mon détachement de ces biens pourrait me rendre capable de mieux suivre l'exemple du Christ ?

- Le pape François est l'une des personnalités les plus importantes et influentes au monde. Non seulement les catholiques, mais des personnes de diverses confessions se tournent vers lui, attentives à sa manière de diriger. Cependant il insiste sur le fait que « le pouvoir authentique est le service ». Cette perspective est opposée à la vision du pouvoir la plus répandue dans le monde. Mais elle suit le modèle du Christ qui vint « non pour être servi, mais pour servir ».

**Je réfléchis :** Quelle est ma vision du pouvoir ? Quand ai-je exercé le pouvoir dans ma famille, mon école, mon travail, ma paroisse, ou dans mes relations ? Comment ai-je assumé ces rôles de pouvoir ? Ai-je été au service de ceux que je dirigeais ?

# 2

# LA CHARITÉ

*Si je parle les langues des hommes et des anges, mais que je n'ai pas en moi-même la charité et ne montre pas aux prochains des exemples de vertus, je sers peu aux autres et, pour moi, à rien*[29].
**François d'Assise**

*Soyez toujours attentifs à la charité. Chaque chrétien et chaque communauté est missionnaire dans la mesure où il porte et vit l'Évangile et témoigne de l'amour de Dieu envers tous, spécialement envers celui qui se trouve en difficulté. Soyez missionnaires de l'amour et de la tendresse de Dieu !*[30]
**Pape François**

Sans aucun doute les deux François sont des hommes d'action. Chacun est profondément enraciné dans son amour pour le Christ et engagé dans une vie de prière, mais leur spiritualité les pousse à mettre l'Évangile en pratique. Saint François a passé des mois dans la solitude d'une vie d'ermite au début de sa conversion et il restera un contemplatif ; pourtant, la majeure partie de son temps était dédiée à servir

[29] Saint Bonaventure, *Legenda maior* 9, 4.
[30] Pape François, homélie, 5 mai 2013.

les autres pour l'amour de Dieu. Le pape François aussi, bien qu'il sache très bien l'importance de la contemplation, a manifesté encore et encore son engagement à aller à la rencontre du peuple par des actes tangibles de charité envers les plus démunis. Les deux François nous donnent l'exemple de l'Amour actif du Christ.

Durant les années de son ministère public, Jésus enseigna et pria, mais il s'est aussi engagé dans des actes de charité. Il le fit de deux manières : premièrement, en consacrant son ministère aux besoins physiques des personnes. Ses miracles, par exemple, étaient dirigés vers les plus nécessiteux. Jésus n'utilisa pas son pouvoir divin pour faire que le soleil ne bouge pas, pour séparer les eaux, ou pour voler. Il donna la vue à l'aveugle, guérit le malade, nourrit l'affamé.

Les Évangiles évoquent largement les récits de guérisons. Nous voyons les guérisons de l'aveugle-né, du paralytique, de la belle-mère de Pierre, qui était confinée dans son lit avec de la fièvre (cf. Marc 1, 30-31). Nous avons aussi le récit de la multiplication des pains pour une foule innombrable (Mc 6, 30-44 ; 8, 1-8). Si c'est ainsi que Jésus utilisa son pouvoir divin, nous aussi devrions utiliser ce pouvoir que nous avons pour servir les plus pauvres.

Jésus a aussi montré sa charité en prenant fait et cause pour les pauvres. Il encouragea l'homme riche à vendre ses biens et à donner l'argent aux pauvres, et il enseigna l'importance de faire l'aumône (cf. Mc 10, 17-22 ; Lc 6, 38). Mais il insistait pour que nous fassions plus que donner de l'argent seulement, comme des spectateurs curieux. Jésus demanda que nous satisfassions nous-mêmes aux besoins physiques des pauvres. Il nous enseigna que lorsque nous nous occupons personnellement du malade, de l'affamé, et du pauvre, cela revient en fait à montrer notre amour pour lui.

> Quand le Fils de l'homme viendra dans sa gloire, et tous les anges avec lui, alors il siégera sur son trône de gloire. Toutes les nations seront rassemblées devant lui ; il séparera les hommes les uns des autres, comme le berger sépare les brebis des chèvres : il placera les brebis à sa droite, et les chèvres à sa gauche.
> Alors le Roi dira à ceux qui seront à sa droite : Venez, les bénis de mon Père, recevez en héritage le Royaume préparé pour vous depuis la création du monde.
> Car j'avais faim, et vous m'avez donné à manger ; j'avais soif, et vous m'avez donné à boire ; j'étais un étranger, et vous m'avez accueilli ; j'étais nu, et vous m'avez habillé ; j'étais malade, et vous m'avez visité ; j'étais en prison, et vous êtes venus jusqu'à moi !
> […] Amen, je vous le dis : chaque fois que vous l'avez fait à l'un de ces petits qui sont mes frères, c'est à moi que vous l'avez fait (Mt 25, 31-40).

Ces manifestations concrètes de la charité nous permettent de montrer notre amour pour Dieu. Comme il est dit dans la première lettre de Saint Jean : *« Celui qui n'aime pas son frère qu'il voit ne peut aimer Dieu qu'il ne voit pas »* (1 Jn 4, 20).

Cet amour est plus qu'une émotion ou un sentiment. Jésus s'attend à ce que nous subvenions aux besoins physiques des autres, au point même de les inviter à partager notre table. Alors qu'il dînait chez un pharisien, Jésus dit à son hôte :

> Quand tu donnes un déjeuner ou un dîner, n'invite pas tes amis, ni tes frères, ni tes parents, ni de riches voisins ; sinon, eux aussi t'inviteraient en retour, et la politesse te serait rendue.
> Au contraire, quand tu donnes un festin, invite des pauvres, des estropiés, des boiteux, des aveugles ; et tu seras heureux, parce qu'ils n'ont rien à te rendre : cela te sera rendu à la résurrection des justes (Lc 14, 12-13).

Jésus nous appelle à étendre la charité aux autres non pour ce que nous recevrons en retour mais parce que cela nous permet d'avoir part à son amour pour nous. Nous devons suivre son exemple d'amour désintéressé dans la manière dont nous prenons soin de notre prochain. *« Je vous donne un commandement nouveau : c'est de vous aimer les uns les autres. Comme je vous ai aimés, vous aussi aimez-vous les uns les autres »* (Jn 13, 34). Ce commandement fondamental apparaît trois fois dans l'Évangile de Jean ; il est le signe concret de notre foi : *« En cela, tous les hommes reconnaîtront que vous êtes mes disciples, si vous vous aimez les uns les autres »* (Jn 13, 35).

Cet amour du prochain est un témoignage visible pour le monde. Il est tangible, vivant et actif. Et nous devons aimer tout le monde et pas seulement ceux que nous sommes naturellement enclins à aimer. Jésus nous dit que nous devons aimer même nos ennemis (cf. Mt 5, 44 ; Luc 6, 27).

Cela nous amène à une autre expression de la charité de Jésus : tandis que la société les rejetait, Jésus prenait soin des parias, des marginaux, considérés comme la fange de la société. Jésus les embrassait et exerçait son ministère envers eux. Il reconnaissait leur dignité, s'opposant ainsi à la stigmatisation sociale qui en faisait des parias. Il brisait régulièrement les proscriptions d'approcher les pécheurs et les lépreux. Il fréquentait les collecteurs d'impôts, parlait aux prostituées, avec les Samaritains, et touchait les personnes impures.

Dans une société où les handicaps physiques sont considérés comme châtiment de Dieu, Jésus n'hésita pas à toucher et guérir les aveugles, les boiteux et les sourds. Dans un milieu religieux où les femmes n'avaient aucune autorité, Jésus les invita à être ses disciples et à participer au travail d'évangélisation. En effet, il annonça spécifiquement qu'il était envoyé *« pour annoncer aux captifs leur délivrance »* (Lc 4, 18).

Sa reconnaissance de leur dignité humaine était sous-jacente à toutes les rencontres du Christ avec les opprimés. Son amour pour les gens n'était pas fondé sur leurs talents, leur puissance, ou leur « qualité de vie ». Il aimait les gens en tant qu'êtres humains faits à l'image de Dieu. Pour Jésus, personne n'était un numéro anonyme, ni leurs besoins des fardeaux pénibles.

À maintes reprises, Jésus rappela à ses disciples son commandement : *« Aimez votre prochain comme vous-même »* (Mt 19,19 ; 22,39 ; Mc 12,31). Obéir à cette instruction implique de reconnaître que les autres, quels que soient leurs capacités ou statut social, méritent pour le moins notre respect et souvent notre attention ainsi que notre aide.

Nous ne pouvons pas les traiter « moins bien » que nous-mêmes.

Et nous ne pouvons pas nous chercher d'excuses quant à qui nous considérons comme notre prochain. Comme Jésus l'indiquait dans la parabole du bon Samaritain, notre prochain est quiconque a besoin de notre aide (Lc 10, 30-37).

L'apôtre Jacques nous encourage : *« Mettez la Parole en application, ne vous contentez pas de l'écouter : ce serait vous faire illusion »* (Jc 1, 22). Il nous exhorte spécifiquement à être actifs dans le domaine de la charité.

> Mes frères, si quelqu'un prétend avoir la foi, alors qu'il n'agit pas, à quoi cela sert-il ? Cet homme-là peut-il être sauvé par sa foi ?
> Supposons que l'un de nos frères ou l'une de nos sœurs n'aient pas de quoi s'habiller, ni de quoi manger tous les jours ; si l'un de vous leur dit : « Rentrez tranquillement chez vous ! Mettez-vous au chaud, et mangez à votre faim ! » et si vous ne leur donnez pas ce que réclame leur corps, à quoi cela sert-il ?
> Ainsi donc, celui qui n'agit pas, sa foi est bel et bien morte, et on peut lui dire : *« Tu prétends avoir la foi, moi je la mets en pratique. Montre-moi donc ta foi qui n'agit pas ; moi, c'est par mes actes que je te montrerai ma foi »* (Jc 2, 14-17).

Comme nous allons le voir maintenant, les deux François ont chacun mis la charité au cœur de leur vie, l'exerçant d'une manière concrète.

**Saint François d'Assise et les pauvres.**

Saint François n'a jamais été un homme pingre. Il avait une libéralité naturelle qui l'a fréquemment conduit à des actes de générosité. Même avant de prendre la ferme résolution de se conformer au Christ, il aimait partager généreusement. Bien que ce soit habituellement sorti de la poche de son père, le jeune François dépensait sans compter en divertissements pour ses amis, leur offrant régulièrement des banquets lorsqu'ils sortaient ensemble. Mais son désir de prendre soin des besoins des autres s'étendit bien au-delà de son petit cercle d'amis.

François était en train de conclure une vente dans la boutique de son père un après-midi quand un pauvre mendiant l'approcha pour lui demander l'aumône. Incertain sur la manière de gérer cette situation embarrassante, François choisit de terminer sa transaction, et le mendiant indésirable finit par abandonner et s'éclipsa. Aussitôt la vente conclue, François ressentit un pincement de remords au cœur. Il laissa tout tomber et sortit en courant de la boutique, laissant sans surveillance les biens de son père. Il courut à travers les rues jusqu'à retrouver le malheureux et lui remplit les poches de pièces. Le futur saint se jura de ne plus jamais refuser son aide à une personne pauvre et dans le besoin. Sa consécration à la charité désintéressée pour les nécessiteux venait de s'éveiller en lui[31].

La hâte avec laquelle François transforma son manque de charité, et la grande résolution qui s'ensuivit démontre sa

[31] Cf. frère Jean, *Du commencement de l'Ordre*, 4, et Légende des trois compagnons, 3.

conviction que prendre soin des besoins des autres est une responsabilité humaine fondamentale. Même si cela signifiait de faire des sacrifices personnels, François mit rapidement en pratique sa charité envers les autres. Une telle occasion advint pendant la période où François était déterminé à devenir chevalier.

C'était en effet le désir de François d'accompagner un noble d'Assise qui se préparait à partir à la guerre. Le jeune aspirant chevalier suscitait l'envie de l'armée locale en s'exhibant avec un cheval magnifique, des armes, et un élégant uniforme. François se retrouvait parfaitement dans son personnage et se prépara fièrement au départ pour le champ de bataille[32].

Transporté d'enthousiasme, François croisa un chevalier pauvre qui ne pouvait participer à la bataille faute d'armure. Immédiatement, François se défit alors de ses habits et les lui donna librement[33].

Plus tard, lorsque François décida de vivre dans la pauvreté absolue, il fit une claire distinction entre sa pauvreté évangélique volontaire et les souffrances des pauvres. Bien qu'il mît beaucoup d'énergie pour se libérer des attaches matérielles, l'engagement de François à pourvoir aux besoins des pauvres fut sans compromis.

Ainsi, une fois son Ordre bien établi, François fit la leçon à un jeune homme qui cherchait à entrer dans la Fraternité :

---

[32] 1 Celano 4

[33] 2 Celano 5 et Légende des trois compagnons, 5-6.

« Frère, si tu veux entrer dans la religion des frères, il faut d'abord que tu distribues tous tes biens aux pauvres, selon la perfection du saint Évangile, et ensuite que tu renonces à ta volonté sur toutes choses. » L'homme suivit cette instruction à la lettre et partit consciencieusement se débarrasser de tous ses biens, mais il donna tout à ses proches et rien aux pauvres. Il retourna vers François et lui raconta comment il avait tenu son premier engagement : « Passe ton chemin, frère mouche, car tu n'as encore quitté ni ta maison ni ta parenté. En donnant tes biens à ta famille, tu as volé les pauvres[34]. »

Cela a dû être une dure leçon pour le jeune homme, ses plans étant réduits à néant et lui-même également destitué de tous ses biens. Mais François était intransigeant quant à l'importance de prendre soin des pauvres.

Sans doute le meilleur exemple de l'amour de François pour les plus démunis fut la manière dont il prenait soin de ses frères bien-aimés quand ils étaient malades ou en souffrance. À son retour d'un voyage à Rome en 1209, François et son petit groupe de disciples prirent résidence dans une cabane abandonnée, à Rivo Torto. Les exigences de prières et de pénitence pesaient parfois gravement sur la santé des frères.

Alors que tous dormaient dans leurs lits, un des frères se mit à crier : « Je meurs ! Je meurs ! ». « Levez-vous, frères, et allumez une torche ! », ordonna François. Puis il demanda : « Quel est celui qui a dit : "Je meurs" ? » Le frère en question

[34] 2 Cel 81

dit : « C'est moi. » Le bienheureux François lui dit : « Qu'as-tu, frère ? De quoi meurs-tu ? » Et il répondit : « Je meurs de faim. ». Sur-le-champ, le saint fit dresser une table et, afin que le frère n'ait pas honte de manger seul, ils mangèrent tous avec lui de bon cœur. François s'appuya sur cette occasion pour leur imposer un jeûne moins sévère, les exhortant à ne pas essayer de l'imiter lui-même en cela. « Car, expliqua-t-il, même si l'un de vous peut se contenter de moins de nourriture qu'un autre, pourtant je ne veux pas que celui qui a besoin d'une nourriture plus abondante s'efforce de l'imiter en cela. Mais considérant sa nature, qu'il offre à son corps ce qui lui est nécessaire[35]. »

Une autre fois, un frère ne se sentait pas bien, mais personne ne l'avait remarqué. Personne, excepté François, qui était parfois surnommé par les frères « mère bien-aimée », en raison de sa tendre attention pour tous ses fils. Alors, se levant avant l'aube, François élabora un plan pour venir en aide à Sylvestre. Pensant que du raisin frais lui ferait le plus grand bien, François réveilla Sylvestre et l'emmena vers un vignoble voisin pour un petit déjeuner régénérant[36].

François consignait par écrit le soin à porter aux frères. Dans sa Règle de 1221 il précisait : « Si un frère tombait malade, où qu'il soit, les autres ne le quitteront pas sans avoir désigné un frère, ou plusieurs si c'était nécessaire, pour le servir comme ils voudraient eux-mêmes être servis[37]. » Il répéta cette injonction, si proche du commandement *« aimez votre prochain comme vous-même »*, dans la Règle de 1223.

---

[35] Cf. Compilation d'Assise, 50.

[36] Cf. Compilation d'Assise, 53.

[37] Première Règle 10, 1

Dans la Règle du Tiers-Ordre, pour les laïcs, il prévoit aussi ces recommandations pour les malades : « S'il advient qu'un frère ou une sœur tombe malade, les ministres, si le malade le leur signale, devront en personne, ou par d'autres, visiter le patient une fois par semaine et lui rappeler la pénitence ; et s'ils pensent que c'est opportun, ils devront lui procurer avec le fonds commun ce dont il a besoin pour son corps. »

## Le Pape François et les pauvres

Lorsqu'il s'agit de prendre soin des nécessiteux, le pape François a toujours pratiqué ce qu'il prêche. Cet homme, qui a fait une priorité de visiter les patients en phase terminale, de laver et d'embrasser les pieds de victimes du sida et de marcher côte à côte avec les pauvres, expliquait dans l'une de ses homélies matinales sa motivation à accomplir de tels actes : c'est une façon d'aimer le Christ.

> Nous trouvons les blessures de Jésus dans nos œuvres de miséricorde, en donnant à notre corps, au corps - à l'âme aussi, mais, j'insiste, au corps de nos frères blessés, parce qu'ils ont faim, soif, parce qu'ils sont nus et humiliés, parce qu'ils sont esclaves, ou en prison, ou à l'hôpital. Ce sont là les blessures de Jésus aujourd'hui. Nous avons besoin de toucher les blessures de Jésus, nous devons caresser les blessures de Jésus, nous avons besoin de panser les plaies de Jésus avec tendresse, nous devons embrasser les plaies de Jésus, et cela, littéralement. Pensez simplement à ce

> qui arriva à saint François d'Assise quand il embrassa les lépreux. Sa vie changea[38].

En beaucoup d'autres occasions, le pape François a parlé de manière éloquente de la signification et de l'importance du service des pauvres. En expliquant cet acte de laver et d'embrasser les pieds de patients cancéreux, il insista sur le fait d'agir comme le Christ. « Ce geste est une invitation au cœur de chaque chrétien parce que nous ne perdons jamais si nous imitons Jésus, si nous servons nos frères souffrants[39].»

Dans une homélie de 2003, il présenta la charité envers les plus démunis comme un choix que nous embrassons ou rejetons chaque jour. « Chaque projet économique, politique, social ou religieux, dit-il, implique l'inclusion ou l'exclusion des souffrants étendus sur le bord de la route. Chaque jour, chacun de nous fait face au choix d'être un bon Samaritain ou un spectateur indifférent. » Ses mots nous rappellent que nous ne pouvons pas être comme le Mr Scrooge de Charles Dickens, qui évitait de donner des aumônes en demandant : « N'y a-t-il pas de prisons ? Et les hospices ? Est-ce qu'ils sont toujours ouverts ? Ce n'est pas mon problème. » Le pape François nous dit que oui, c'est notre problème.

> Nous ne devrions pas attendre que le système de sécurité sociale, actuellement ruiné par des pillages, se remette sur pied ; il existe d'innombrables moyens de pouvoir fournir un service à nos seniors ; dans

---

38 Robert P. Imbelli, "Touching the Wounds of Jesus," *dotCommonweal,* 3 juillet 2013.

39 Matthew E. Bunson, *Pope Francis* (Huntington, Ind.: Our Sunday Visitor, 2013), p. 146.

> l'intervalle, tout ce dont nous avons besoin est de la bonne volonté et un peu de créativité. De la même façon, nous ne pouvons ignorer les possibilités spécifiques d'aide aux enfants et à ceux qui sont malades et souffrants. La conviction qu'il y a des problèmes « structurels » impliquant la société dans son ensemble et l'État lui-même ne nous exempte en aucune manière de faire notre part, si petite soit-elle[40].

Dans un tweet envoyé peu de temps après son élection, le pape François écrivait : « Le Christ nous conduit à sortir de nous-mêmes de plus en plus, à nous donner et à servir les autres[41]. » Et c'est ce que Jorge Bergoglio a entrepris de faire depuis des années.

Une nuit malheureuse de 2004, un incendie se déclara dans une boîte de nuit de Buenos Aires. Il y eut cent soixante-quinze victimes et un nombre encore plus grand de blessés. Avant même qu'une multitude de pompiers et d'ambulances n'arrive, l'évêque Bergoglio était sur place, consolant personnellement les survivants. Il organisa des moyens pour fournir une aide pastorale, et il s'indigna des défaillances des règlementations et des manques de réaction des autorités.

Le pape François a fait sa part pour les malades et les souffrants. Il y a beaucoup d'exemples dans son quotidien. En Argentine, il allait à la rencontre des pauvres dans les bidonvilles de Buenos Aires. Il a régulièrement servi dans des

---

40 *Je crois en l'homme* : conversation avec Sergio Rubin et Francesca Ambrogetti . Flammarion 2013

41 Pape François. Tweet du 4 juillet 2013

soupes populaires et baptisé des enfants des paroisses de la ville. Lorsqu'il rencontrait des mendiants dans ces quartiers, il parlait avec eux et essayait de les aider comme il pouvait. Un biographe relate cette histoire :

> Oscar Justo, soixante ans, mendie régulièrement des billets ou des pièces de monnaie, perché sur un promontoire à côté de la paroisse Saint-Joseph, dans le quartier de Flores. Jorge Mario Bergoglio passait souvent par-là, marchant depuis l'arrêt de bus, ou débouchant d'une station de métro avoisinante. Mais toujours il prenait le temps de saluer Justo, lui offrant sa bénédiction, et lui donnant quelques pesos. « Il me donnait toujours quelque chose... parfois cent pesos (vingt dollars) », dit Justo, qui a perdu ses deux jambes dans un accident de chemin de fer[42].

Le Saint-Père a la conviction que nous avons tous un devoir, non seulement de pourvoir aux besoins immédiats, mais aussi de nous intéresser aux causes sous-jacentes de la pauvreté. « L'obligation du chrétien, c'est d'intégrer le plus nécessiteux dans la communauté, par tous les moyens[43]. » Le pape nous demande de chercher des solutions pratiques pour soulager la souffrance des plus démunis.

> La première attention que nous portons à la pauvreté est la notion d'assistance : « Avez-vous faim ? Tenez, voilà quelque chose à manger ». Mais notre aide ne peut pas

---

[42] "Pope Francis Kind, Outspoken, a Good Administrator," Herald Malaysia Online 23 mars 2013.

[43] Bergoglio et Skorka, *Sur la terre comme au ciel,* p.174. Robert Laffont 2013.

> s'arrêter là. Nous devons construire de façon à promouvoir et intégrer l'humain dans la société. Le pauvre ne doit pas perpétuellement être marginalisé. Nous ne pouvons accepter l'idée sous-jacente que nous, pour qui tout va bien, nous donnons quelque chose à ceux qui vont mal, mais qu'ils devraient rester comme cela, loin de nous. Ceci n'est pas chrétien. Il est indispensable que nous les intégrions dans notre communauté le plus tôt possible au moyen de l'éducation dans des écoles techniques… afin qu'ils puissent avancer dans la vie. Ce concept était dominant à la fin du XIXe siècle dans les écoles créées par Don Bosco. Une initiative similaire s'organise dans les ghettos de Buenos Aires. Au moyen d'un apprentissage d'environ deux ans, ils essayent de donner à des jeunes les moyens dont ils ont besoin pour changer leur vie, en devenant électriciens, cuisiniers, tailleurs, etc.[44]. »

Le pape François est engagé dans la charité active ; les discussions vides à propos de la charité ne l'intéressent pas. Il a déclaré à une foule de deux cent mille personnes, deux mois après son élection :

> Aujourd'hui, et cela me fend le cœur de le dire, le fait de trouver une personne sans domicile fixe morte de froid n'est pas nouveau. Aujourd'hui, ce qui fait l'actualité, ce sont les scandales, ça ce sont les actualités, mais tous les enfants qui meurent de faim, ça ne fait pas l'actualité. C'est grave. Nous ne pouvons dormir tranquille tandis que les choses vont ainsi. Nous

[44] Bergoglio et Skorka, *Sur la terre comme au ciel*, pp. 173–174.

> ne pouvons devenir des chrétiens empesés, trop polis, qui parlent tranquillement de théologie en prenant un thé. Nous devons devenir des chrétiens courageux et rechercher à aider ceux qui ont le plus besoin d'aide[45].

Le pape François donne l'exemple de ce courage. Il fait ce qu'il estime être charitable, même lorsque ce n'est pas conventionnel ou que cela fait lever les sourcils de certaines personnes. Son détour sans précédent pendant les Journées Mondiales de la Jeunesse est un cas d'espèce.
Déjouant les plans officiels prévus de ses apparitions publiques, le pape décida d'aller à la rencontre de ceux qui vivent dans les quartiers pauvres de Rio de Janeiro. Même dans les quartiers dangereux de Varginha tenus par des gangs, il échappa à la sécurité pour marcher au milieu des foules, saluant les pauvres en personne et attirant l'attention du monde entier sur leurs conditions de vie dramatiques.

> Rappelons-nous toujours ceci, dit-il à ceux qui étaient rassemblés autour de lui et au vu du monde entier, c'est seulement si nous sommes capables de partager que nous devenons vraiment riches ; tout ce qui est partagé se multiplie ! La grandeur d'une société se mesure à la façon dont elle traite les plus démunis, ceux qui n'ont rien d'autre que leur pauvreté[46] !

---

[45] Thomas C. Fox, "Francis Speaks of Church Harmony, Service to the Poor," *National Catholic Reporter,* 19 mai 2013

[46] Rocco Palma, "'You are Not Alone' – the 'Pope of the Slums' Returns to His Own," *Whispers in the Loggia,* 2( juillet 2013.

Le pape fit une demande inhabituelle et désintéressée après son élection, un autre exemple de son courage dans son approche des pauvres : il demanda au peuple de venir en aide aux pauvres au lieu de voyager jusqu'à Rome pour venir célébrer avec lui sa messe d'intronisation. Voici ce qu'il demanda au nonce apostolique d'Argentine, l'évêque Emil Paul Tscherrig, d'écrire :

> Le Saint-Père François m'a demandé de transmettre à tous les évêques, prêtres, religieux et religieuses (hommes et femmes), et à tout le peuple de Dieu son affectueuse reconnaissance pour les prières et les témoignages d'attachement, d'affection et de charité qu'il a reçus. En même temps, il souhaiterait que, au lieu de venir à Rome pour le début de son pontificat le 19 mars prochain, vous gardiez cette proximité spirituelle qu'il apprécie tellement et que vous l'accompagniez d'un geste de charité envers les plus démunis.

**Saint François d'Assise et les exclus**

Dans sa pratique de la charité, Saint François se sentait concerné par bien plus que les besoins matériels des malades et des pauvres. Il voulait aussi témoigner sa compassion à ceux qui étaient laissés pour compte, rejetés, oubliés, ou oppressés. Comme le bon Samaritain, François s'occupait des gens que d'autres essayaient d'ignorer. Comme G.K. Chesterton l'a fait remarquer : « Il semble avoir eu de la sympathie pour tout le monde, à cette nuance près qu'il sympathisait de préférence avec ceux que tout le monde lui reprochait d'approcher[47]. » Imitant le Christ, saint François reconnaît la dignité des êtres humains, faits à l'image de Dieu. Même quand cette image est difficile à discerner, François a des yeux pour la voir.

Cette vision spirituelle mit du temps à se développer, cependant. Dans sa jeunesse François n'était pas spécialement soucieux d'aimer ceux qui a priori n'étaient pas aimables. Le premier aperçu que nous avons de son approche des lépreux, socialement ostracisés, par exemple, révèle un homme qui ne pouvait tolérer d'être en leur présence. Rien que la pensée de leurs difformités donnait la nausée à François, au point que s'il repérait un lépreux à distance, il faisait faire demi-tour à son cheval pour éviter de le rencontrer. Par cette attitude, il se rangeait du côté de la société qui déclarait ces hommes et femmes légalement morts.

Mais un jour, tout cela changea. Alors qu'il cheminait sur un chemin étroit, François se trouva soudainement confronté à un lépreux. Loin de sa réaction habituelle, François sentit le désir de reconnaître cette personne dans son humanité. Il descendit de son cheval, marcha jusqu'au lépreux, l'entoura de ses bras et lui fit l'aumône. La grâce de Dieu avait rempli son cœur de charité envers ce souffrant banni[48].

À partir de ce moment, débordant de douceur et non plus d'amertume[49], François sauta sur sa monture et partit visiter

---

[47] G.K. Chesterton, *Saint François d'Assise,* page 47

[48] Cf. Légende des trois compagnons, 11.

[49] Cf. testament 1-3

une communauté entière de lépreux. S'attardant au milieu de ces frères infortunés, rejetés et abandonnés à leur sort, François quémanda leur pardon pour les premières réactions humiliantes qu'il avait eues à leur égard et se mit à leur distribuer de l'argent pour leur venir en aide. Puis il les embrassa tous et partit.

Un retournement s'opéra chez François lorsqu'il embrassa ce lépreux. Il put vaincre la peur et les préjugés qui l'avaient auparavant empêché d'étendre sa charité à ce groupe de personnes. Et il ne fut plus jamais esclave de la discrimination. Au contraire, il développa l'habitude de reconnaître la dignité de chaque être humain, faisant fi des circonstances ou de son statut social.

Un autre exemple de sa solidarité envers ceux que la société rejette survint lorsque François fit un voyage pour se rendre sur le tombeau de saint Pierre. Après avoir laissé sa bourse pleine de pièces d'or en offrande au tombeau, François n'avait plus d'aumônes à partager avec les mendiants des rues qui occupaient la place dehors. Plutôt que de se faufiler en faisant semblant de ne pas les voir, François décida de se joindre à eux. Il échangea ses vêtements élégants contre les haillons miteux d'un indigent et se mit à mendier avec le groupe hétéroclite, puis il partagea avec eux un humble repas[50].

Ces manifestations non conventionnelles de la charité étaient significatives du courage de François, à la fois physique et social. Parce qu'il surmontait ses peurs, il était

[50] 2 Celano 8b et Légende des trois compagnons 10.

libre d'étendre la charité à tous. Jamais conformiste, François labourait le sillon qu'il pensait le meilleur, sans s'occuper des jugements hostiles de l'entourage. Il vivait sa mission envers les opprimés sans se soucier des répercussions à son égard.

Cette attitude s'étendait aux femmes. À l'époque de François, la femme était rarement considérée comme l'égale de l'homme. Généralement, elle ne pouvait travailler en dehors de la sphère domestique, ni recevoir d'éducation formelle, et ne pouvait décider par elle-même si elle voulait ou non se marier ni même choisir son époux. Pour résumer simplement, ses possibilités étaient limitées.

François n'était pas esclave des préjugés de la société. Il suivait l'exemple de Jésus, qui élevait toujours la dignité des femmes, rompant avec les normes fossilisées qui entravaient leur liberté. Ainsi lorsque Claire, une jolie jeune femme de la noble famille des Offreducci vint à François pour proposer son aide, il ne la renvoya pas à son père mais au contraire écouta ses arguments avec attention. Claire voulait vivre la vie de pauvreté et de simplicité que François avait choisie. Elle désirait être la jeune mariée du Christ et non celle d'un homme de la noblesse choisi par son père.

François discerna la sincérité de Claire et s'engagea pendant toute une année à lui servir de mentor et guide spirituel. La famille de Claire désapprouvait cette relation mais Claire tint bon dans sa résolution. C'est ainsi que le soir de la fête des Rameaux, Claire s'enfuit de la maison paternelle dans l'obscurité de la nuit pour rejoindre François et ses frères à la Portioncule. Là, répondant aux souhaits de la jeune fille, François coupa ses longues tresses blondes et les remplaça par un voile. Claire fit le vœu de suivre Jésus dans la pauvreté selon la règle de son guide, François[51].

Bientôt d'autres femmes vinrent à François, espérant bénéficier de la même liberté que celle qu'il avait rendue possible pour Claire. Il les traita toutes avec dignité, respectant leurs souhaits au lieu de leur donner une tape sur la tête et de les renvoyer chez elles. Il reçut les vœux de la sœur de Claire, Agnès, en dépit de l'opposition armée de sa famille.

Grâce à l'aide de François, l'Ordre des Pauvres Dames vit le jour, et il grandit en tandem avec celui des Frères mineurs. François maintint une relation proche et respectueuse avec le nouvel ordre féminin jusqu'à la fin de ses jours. En ne reléguant jamais les femmes à un statut de seconde zone, il montra la même charité envers elles que celle qu'il montrait envers ses frères. Il écrivit à Claire : « Puisque par inspiration divine vous vous êtes faites filles et servantes du Très-Haut et souverain roi, le Père céleste, et que vous avez épousé l'Esprit-Saint en choisissant de vivre selon la perfection du saint Évangile, je veux et je promets d'avoir toujours, par moi-même et par mes frères, un soin affectueux et une sollicitude spéciale pour vous comme pour eux[52]. »

[51] Legenda Major 4,6

[52] La forme de vie 2

**Le Pape François et les exclus**

Qu'il soit en train de faire un discours, de donner une homélie, d'écrire une lettre ou un livre, le pape François néglige rarement une opportunité d'évoquer la dignité de la personne humaine. Il insiste constamment sur l'importance de traiter chacun avec respect, lui reconnaissant son infinie valeur en tant qu'enfant de Dieu. Il a pris lui-même fait et cause pour les malades, mais aussi pour tous ceux qui sont marginalisés par la société, de quelque manière que ce soit. Les enfants qui n'ont pas vu le jour, les personnes âgées, les femmes, les victimes de pédophilie et de trafic d'humains, les immigrés, les isolés, les laissés pour compte, les enfants de mères célibataires, ceux qui souffrent à cause du péché, et ceux qui ne trouvent pas leur place dans la société quelle qu'en soit la raison ; tous ceux-la ont été les bénéficiaires de ses appels passionnées à la gentillesse, au souci des autres, à la bienveillance. De toute évidence, le cœur du pape est plein d'une compassion sincère et toute particulière pour *« les plus petits d'entre eux »* (Mt 25, 40). Sur leurs visages, le Saint-Père voit le Christ :

> Dans l'être humain fragile, chacun de nous est invité à reconnaître la face de notre Seigneur, qui dans sa chair humaine a fait l'expérience de l'indifférence et de la solitude auxquelles nous condamnons souvent les plus pauvres, que ce soit dans les pays émergeants ou dans les sociétés riches. Même l'enfant qui n'a pas vu le jour, bien qu'injustement condamné à être avorté, a le visage du Seigneur, lui qui, avant comme après sa naissance, a fait l'expérience d'être rejeté du monde. Et chaque personne âgée, même infirme et à la fin de ses

jours, porte en elle la face du Christ. Ils ne doivent pas être jetés[53] ! »

Dans un message du Vatican aux catholiques d'Irlande, d'Écosse, d'Angleterre et du Pays de Galles, à l'occasion de leur Jour pour la Vie, nous avons un résumé des idéaux de François :

> Évoquant l'enseignement de saint Irénée sur la gloire de Dieu qui est visible en chaque être humain vivant, le Saint-Père vous encourage tous à laisser la lumière de cette gloire rayonner de manière si éclatante que chacun puisse reconnaître l'inestimable valeur de toute vie humaine. Même les plus faibles et les plus vulnérables, les malades, les personnes âgées, les enfants qui n'ont pas vu le jour et les pauvres sont des chefs-d'œuvre de la création de Dieu, faits à son image, destinés à vivre éternellement, et méritent le plus grand respect.

Le pape François a mis son autorité au service des exclus et a demandé aux autres responsables politiques d'en faire de même. Dans une lettre à David Cameron, premier ministre britannique, à l'occasion du G8 de juin 2013, le pape François a écrit :

> De plus, l'objectif de l'économie et de la politique est de servir l'humanité, en commençant par les plus pauvres et les plus vulnérables, où qu'ils se trouvent, même dans le sein de leurs mères. Toute théorie ou

---

[53] Matthew Schmitz, "Pope Francis on How to Talk About Abortion, Gay Marriage, and Contraception," *First Things*, 20 septembre 2013

> action économique et politique doit s'efforcer d'assurer à chaque habitant de la planète les ressources minimales pour vivre dans la dignité et la liberté, avec la possibilité de subvenir aux besoins d'une famille, d'éduquer les enfants, de louer Dieu et de développer ses propres capacités humaines. C'est le principal. Sans cette vision, toute activité économique serait dénuée de sens[54].

Le Saint-Père s'élève aussi contre les abus de pouvoir. Se référant au scandale des abus sexuels commis par certains prêtres, il écrit :

> Vous ne pouvez être dans une position de pouvoir et détruire la vie d'une autre personne [...) Une fois, un évêque m'a appelé au téléphone pour me demander quoi faire dans une telle situation, et je lui ai dit de confisquer les licences des prêtres, et de ne plus jamais les autoriser à exercer leur sacerdoce, et d'entamer un procès canonique au tribunal du diocèse[55].

Le pape François s'est exprimé au nom des sans-abris, particulièrement les jeunes. Dans une homélie alors qu'il était encore évêque, il fit remarquer :

> Il y a des gosses qui ont vécu dans la rue pendant des années [...] et la ville a manqué et continue de manquer à toute initiative pour les libérer de cet esclavage structurel d'une vie sans abri. Des filles se font

---

54 Pape François, Lettre au Premier Ministre du Royaume-Uni, M. David Cameron, à l'occasion de la rencontre du G8 (17-18 Juin 2013)

55 Bunson *Pope Francis,* New-York 2013. p.187.

> kidnapper et on use et abuse de leur corps ; elles sont détruites dans leur dignité. La vie humaine que Jésus a assumée et pour laquelle il est mort aurait-elle moins de valeur que celle d'un animal domestique ? Nous nous occupons mieux d'un chien que de ces esclaves que nous maltraitons et détruisons[56].

Le pape s'exprime aussi sur les personnes âgées. Dans son livre *Sur la terre comme au ciel,* il écrit :

> Les parents travaillent et ils doivent avoir recours à une aide à domicile pour s'occuper des grands-parents, mais souvent ce n'est pas parce qu'ils sont trop occupés par leur travail, mais par pur égoïsme ; les plus âgés sont ennuyeux, ils sentent mauvais […] Il y a des familles dans lesquelles il n'y a pas d'autre choix. Mais dans bien des cas, lorsque je visite des maisons de retraites, je les questionne un peu au sujet de leurs enfants et ils répondent qu'ils doivent travailler : ils essaient de les couvrir. Il y a beaucoup de gens qui abandonnent ceux qui les ont nourris, élevés et ont essuyé leurs fesses. Cela me fait mal ; ça me fait pleurer intérieurement. Nous ne parlerons pas de ce que j'appelle l'euthanasie « camouflée » : la négligence envers les personnes âgées dans les hôpitaux et de la part des assurances santé qui ne leur permettent pas d'avoir les médicaments et les soins dont ils ont besoin[57].

---

[56] Bunson, pp. 170–171.

[57] Bergoglio et Skorka, *Sur la terre comme au ciel,* p. 107.

Il s'est aussi exprimé sur la dignité des femmes et le besoin de leur faire une place dans l'Église. Sans suggérer de changement dans la doctrine du sacerdoce, il s'est néanmoins fait l'avocat du rôle essentiel de la femme dans l'Église : « L'Église ne peut pas être elle-même sans la femme et sa vocation spécifique. La femme est indispensable à l'Église [...] Le génie féminin est nécessaire là où des décisions importantes se prennent[58]. »

Le pape François parle avec compassion des mères célibataires. En 2012, il prêchait contre l'hypocrisie religieuse à leur encontre :

> Dans notre sphère ecclésiastique, il y a des prêtres qui ne baptisent pas les enfants de mères célibataires parce qu'ils n'ont pas été conçus dans la sainteté du mariage. Ce sont les hypocrites d'aujourd'hui. Ceux-là cléricalisent l'Église. Ceux-là écartent, le peuple de Dieu du Salut. Et cette pauvre fille qui, au lieu de renvoyer l'enfant à l'expéditeur, a eu le courage de le porter et le faire venir au monde doit errer de paroisse en paroisse pour le faire baptiser[59].

Sa compassion s'étend aux prostituées. Dans une homélie à Buenos Aires, il déclara courageusement :

> Dans cette ville, il y a beaucoup d'esclaves !... Avant-hier soir une pauvre fille dû être sortie d'une maison close pour se faire hospitaliser ; elle s'est retrouvée en

---

[58] Pape François, *L'Église que j'espère.*

[59] Bunson, p. 145.

> soins intensifs dans l'un de nos hôpitaux parce que pour briser sa volonté on lui avait fait prendre des psychotropes et elle est tombée dans le coma [...] Cela se passe dans cette ville ! Cette ville engendre ces aristocrates mafieux très élégants ! Ils ont le droit de s'attabler dans les restaurants chics de Madero, mais leur argent est taché de sang [...]. Ce sont des esclavagistes[60] !

Il y a deux choses, à la fois curieuses et importantes, que l'on doit savoir afin de bien comprendre les enseignements du pape François sur la charité. La première est sa conviction que la charité doit se faire sans vanité. Dans son livre avec le Rabbin Abraham Skorka, le futur pape relate l'histoire d'un dîner de charité pour « la crème de la crème », au cours duquel une montre Rolex en or était mise aux enchères pour amasser des fonds pour les pauvres.

> Quelle disgrâce, quelle humiliation ! Cela était une mauvaise façon de faire la charité. C'était chercher une personne qui utiliserait sa montre par vanité dans le but de nourrir les pauvres [...]. Parfois les choses faites au nom de la charité n'ont rien à voir avec la charité ; elles sont des caricatures grossières de bonnes intentions. Il n'y a pas de charité sans amour, et si la vanité fait partie de l'aide aux nécessiteux, alors il n'y a pas d'amour ; c'est une charité feinte[61].

---

[60] Bunson, pp. 154–155.
[61] Bergoglio et Skorka, p. 171.

La deuxième chose à savoir est l'insistance du pape François sur le fait que la charité doit être personnelle. Il nous dit qu'en tant que chrétiens notre charité doit refléter l'authenticité de notre engagement.

> Cet engagement doit être de personne à personne, dans la chair. Ce n'est pas assez de déléguer cet engagement à des institutions intermédiaires qui, de toute évidence, arrivent à aider parce qu'elles ont un effet démultiplicateur, mais ce n'est pas suffisant. Cela ne nous exempte pas de notre obligation d'établir un contact personnel avec les plus démunis. Les malades ont besoin qu'on s'occupe d'eux, même si nous les trouvons repoussants et répugnants. Ceux qui sont en prison doivent être visités[62].

Lors de confessions, le pape François demande parfois aux pénitents s'ils donnent l'aumône aux mendiants. Et il continue : « Est-ce que vous les regardez dans les yeux ? Touchez-vous leurs mains[63] ?»
Ce n'est pas assez de jeter une pièce à quelqu'un en regardant ailleurs. Nous devons avoir envie de toucher notre prochain, nous dit le pape. La vraie charité ne soulage pas seulement les souffrants mais elle révèle aussi la dignité à la fois de celui qui donne et de celui qui reçoit.

---

62 Rachel Zamarron, "When Did I See You Lord?" *Ignitum Today*, 2 mai 2013.
63 Bergoglio et Skorka, p. 162.

## Pistes de réflexion et d'action

- Catéchisme de l'Église catholique, 1823 : "Jésus fait de la charité le nouveau commandement. En aimant les siens *« jusqu'au bout »,* il rend manifeste l'amour qu'il reçoit du Père. Par l'amour qu'ils ont les uns pour les autres, ses disciples imitent l'amour de Jésus qu'eux-mêmes reçoivent de lui. De là, Jésus dit : *« Comme le Père m'a aimé, moi aussi je vous ai aimés ; demeurez en mon amour. »* Et encore : *« Ceci est mon commandement, que vous vous aimiez les uns les autres comme je vous ai aimés ».*

**Je réfléchis :** Comment puis-je décrire l'amour du Christ pour moi ? Quand ai-je déjà été capable d'aimer ma famille et mes amis avec cet un tel amour ? Quand m'y suis-je efforcé ? Quelles résolutions spirituelles m'aideraient à « demeurer » dans l'amour du Christ ?

- Le pape François apporte l'Évangile dans la rue. Il n'attend pas que les plus démunis s'approchent de lui ; il va à eux, visitant les pauvres et les malades dans un esprit de vraie charité. Et ainsi qu'il nous le dit, nous devons devenir des « chrétiens courageux » pour être capables de faire cela.

**Je réfléchis** : Suis-je vraiment courageux lorsqu'il s'agit de servir les plus démunis ? Y-a-t-il des peurs en moi qui m'empêchent d'aller vers les pauvres ou les malades autant que je le devrais ? Si tel est le cas, quelle est l'origine de ces peurs? Comment puis-je lutter pour m'efforcer de les surmonter ?

- Saint François d'Assise n'a pas mis de frontière entre lui et les exclus de la société. Il s'est mis à leur place, et parfois même au sens propre. Cela le rendit à la fois capable d'aider et de rendre les gens capables de lui faire confiance. Même lorsque cela compromettait son propre statut social, il montrait du respect et de l'amour envers les opprimés.

**Je réfléchis :** Est-ce que j'ai envie de m'associer à ceux qui sont exclus de la société ? Qu'ai-je fait pour prêter assistance aux prisonniers, aux sans-abris, aux plus âgés, et aux enfants qui n'ont pas vu le jour ? Est-ce que je connais une personne qui est « opprimée » ? Comment puis-je lui montrer que je respecte sa dignité de personne humaine ?

# 3

# L'ÉGLISE

*Nous devons aussi jeûner et nous abstenir des vices et des péchés, et du superflu dans les aliments et la boisson, et être catholiques*[64].
**Saint François**

*L'Église n'est pas une association de charité, culturelle ou politique, mais un Corps vivant qui marche et agit sur l'histoire. Et ce corps a une tête, Jésus, qui le guide, le nourrit et le soutient*[65].
**Pape François**

Un saint et un pape ! On ne peut pas être plus catholique que cela ! Il y a une sorte de symbiose entre les deux : l'un reçoit de l'Église la reconnaissance de la sainteté à laquelle tous les chrétiens sont appelés, l'autre a le pouvoir de canoniser ; les deux s'efforçant de faire de l'Église un instrument efficace du travail du Christ sur terre.

D'une certaine manière, chacun d'eux symbolise un aspect particulier de l'identité de l'Église. Le saint symbolise la communauté des croyants, le Peuple de Dieu, tel que

[64] *Lettre aux fidèles* (version longue), 32.
[65] Joan Lewis, "The Church is the Body of Christ," *Joan's Rome*, 19 juin 2013

Vatican II a décrit l'Église. Et le pape symbolise l'élément institutionnel, hiérarchique, de l'Église qui existe pour enseigner, conduire et sanctifier le Peuple de Dieu.

L'union de ces deux aspects de l'Église - communion et institution - est un mystère. Nous nous référons à l'Église en tant que « corps mystique du Christ », dont nous sommes le corps et le Christ est la tête. L'amour pour le Christ comprend l'amour de son corps. Et c'est ainsi que les deux François, parce qu'ils aiment le Christ, aiment aussi l'Église.

Le témoignage de l'Évangile sur l'Église met l'accent sur son lien intime avec la volonté du Christ. Dans un échange clef avec ses disciples, Jésus pose la question essentielle de confiance : *« Mais vous, qui dites-vous que je suis ? ».* Simon (Pierre) est celui qui répond avec foi : *« Tu es le Christ, le Fils de Dieu vivant. »* En réponse, Jésus annonce que Simon est béni parce que c'est Dieu qui lui a révélé la vérité (Mt 16, 15-16).

Et puis vient le moment décisif où Jésus donne à Simon une nouvelle identité et lui confie une nouvelle mission : *« Et moi, je te le déclare : Tu es Pierre, et sur cette pierre je bâtirai mon Église ; et la puissance de la Mort ne l'emportera pas sur elle »* (Mt 16, 18).

Ici Jésus annonce ses intentions. Il a le projet d'établir une Église, son Église. Ce n'est pas le plan de Pierre, c'est le plan du Christ. Il a l'intention d'établir quelque-chose qui peut être construit, ce qui signifie que cette chose a une structure. Ce n'est pas juste une idée ; c'est en fait une institution.

De plus, il veut que cette construction soit fondée sur une coopération humaine. Cette institution est intimement liée à la foi du peuple, elle s'articule sur la déclaration de Simon, devenu Petros, Pierre, Roc. Ainsi nous voyons déjà la volonté du Christ que l'Église soit à la fois une institution (avec une hiérarchie établie à partir de la primauté de Pierre) et une expression de la foi des croyants (symbolisée par la foi même de Pierre).

Les premiers chrétiens comprirent ainsi la double identité de l'Église. De cela, nous avons des références scripturaires variées se rapportant au leadership spirituel des évêques et des diacres (Ph 1, 1 ; 1 Tim 3, 1-13 : Tite 1, 7), en même temps que l'autorité de l'Église institutionnelle (Ac 15, 1-6). Et il y a aussi de nombreuses références scripturaires à l'Église en tant que communauté active de croyants, le corps du Christ.

Saint Paul, par exemple, dans sa première lettre aux Corinthiens, décrit comment les croyants, dans toute leur diversité, constituent l'Église : *« Or, vous êtes le corps du Christ et, chacun pour votre part, vous êtes les membres de ce corps. Parmi ceux que Dieu a placés ainsi dans l'Église, il y a premièrement des apôtres, deuxièmement des prophètes, troisièmement ceux qui sont chargés d'enseigner, puis ceux qui font des miracles, ceux qui ont le don de guérir, ceux qui ont la charge d'assister leurs frères ou de les guider, ceux qui disent des paroles mystérieuses »* (Cor 12, 27-28). On trouve un parallèle dans sa lettre aux Romains : *« Notre corps forme un tout, et pourtant nous avons plusieurs membres, qui n'ont pas tous la même fonction ; de même, dans le Christ, tous, tant que nous sommes, nous formons un seul corps ; tous et chacun, nous sommes membres les uns des autres »* (Rm 12, 4-5).

Paul explique aussi que le Christ est toujours la tête du corps. Le Christ est l'autorité suprême qui travaille au moyen de l'Église qu'il a instituée. Paul l'explique très simplement dans sa lettre aux Colossiens : *« Il est la tête du corps, l'Église »* (Col 1, 18). Paul exprime aussi cette idée dans sa lettre aux Ephésiens : *« Il lui a tout soumis et, le plaçant plus haut que tout, il a fait de lui la tête de l'Église qui est son corps, et l'Église est l'accomplissement total du Christ, lui que Dieu comble totalement de sa plénitude »* (Ep 1, 22-23). Plus loin, dans la même épitre, Paul met l'accent sur l'amour que le Christ a pour l'Église : *« Jamais personne n'a méprisé son propre corps : au contraire, on le nourrit, on en prend soin. C'est ce que fait le Christ pour l'Église, parce que nous sommes les membres de son corps »* (Ep 5, 29-30).

Le point culminant de cet Amour est bien sur le sacrifice du Christ sur la Croix. Là, il a donné sa vie par amour. *« Il a aimé l'Église, il s'est livré pour elle ; il voulait la rendre sainte en la purifiant par le bain du baptême et la Parole de vie »* (Ep 5, 25-26). Dans les Actes des Apôtres, nous entendons Paul rappeler aux chefs de l'Église que leur rôle dans la hiérarchie est de prendre part à l'Amour sacrificiel du Christ : *« Veillez sur vous-mêmes, et sur tout le troupeau où l'Esprit-Saint vous a placés comme responsables, pour être les pasteurs de l'Église de Dieu, qui lui appartient grâce au sang qu'a versé son propre Fils »* (Ac 20, 28).

Le lien entre le sacrifice du Christ sur la Croix et son corps, l'Église, est encore davantage manifesté dans le don de l'Eucharistie, Corps et Sang du Christ ressuscité. Comme Jésus l'a enseigné lors de la Cène, ce sacrement lie l'offrande physique de son corps au salut des fidèles. Les croyants reçoivent ce sacrement comme membres de l'Église et en retour, il fortifie leur foi pour devenir des membres encore plus fervents du corps.

En effet, le sacrement de l'Eucharistie et tous les autres sacrements révèlent par eux-mêmes la double nature de l'Église. Sans l'institution pour continuer à administrer les sacrements, les membres du corps ne pourraient pas les recevoir du tout. Et c'est précisément par les sacrements, et particulièrement l'Eucharistie, que l'unité du corps du Christ est assurée. Comme l'écrit Paul : *« La coupe d'action de grâce que nous bénissons, n'est-elle pas communion au sang du Christ ? Le pain que nous rompons, n'est-il pas communion au corps du Christ ? Puisqu'il y a un seul pain, la multitude que nous sommes est un seul corps, car nous avons tous part à un seul pain »* (1 Cor 10, 16-17).

Les catholiques comprennent que leur relation au Christ, et la pratique même de leur foi, est en lien avec l'Église. Ainsi, essayer de comprendre la spiritualité de saint François d'Assise ou du pape François en dehors de l'Église n'aurait simplement aucun sens. La foi des deux hommes naquit et s'est nourrie dans leur étreinte de la « sainte mère l'Église hiérarchique », comme le pape François l'a appelée, et les deux hommes ont choisi de consacrer leur vie entière à servir le Christ en retour. Chacun d'eux respecte l'autorité de l'Église hiérarchique, et chacun d'eux démontre un amour pour le corps du Christ, l'Église. Vraiment, parce que le Christ aime l'Église, ils l'aiment aussi.

## Saint François et l'autorité de l'Église

Beaucoup de personnes aiment saint François pour des raisons bien différentes. Certaines apprécient son amour de la nature, d'autres admirent son engagement à vivre la pauvreté, et d'autres encore gravitent autour de lui parce qu'il est un homme dc paix. Mais comme nous l'avons vu, quelle que soit la « cause » qu'il défende, celle-ci était le fruit de son amour pour le Christ et de son désir de l'imiter. Ce n'était pas un homme politique, c'était un homme évangélique. Il vivait, aimait, servait et prêchait l'Évangile.

L'activité de François en tant que « réformateur » de l'Église est à situer dans cette perspective. Il a, c'est évident, contribué à réformer l'Église, mais sans colère ni mauvaise humeur. François a réformé l'Église comme une bonne épouse transforme son mari : avec amour ! Parce que saint François aimait le Christ, il aima naturellement aussi l'épouse du Christ.

L'adhésion inébranlable de François à l'enseignement de l'Église et son obéissance respectueuse à ses responsables sont révélateurs de sa fidélité au collège des apôtres que Jésus avait établi. En fait, François entreprit le parcours, alors sans précédent, de sa vie religieuse en trouvant dans l'autorité de l'Église une source de confiance. La manière dont il s'assurait de suivre authentiquement le Christ était de chercher la soumission et l'approbation de l'Église du Christ.

C'est au printemps de l'année 1210, lorsque son groupe de frères commençait à se constituer, que ses onze frères allèrent avec lui à Rome. La raison de ce voyage était d'obtenir l'approbation de sa règle de vie par le pape Innocent III. François espérait recevoir de lui sa permission et sa bénédiction pour vivre la vie de pauvreté à laquelle il se sentait appelé.

Il ne manque pas de récits sur sa rencontre avec le pape[66]. Est-ce que François, dans ses haillons, fut vraiment pris pour un porcher par le Saint-Père ? Est-il exact que Sa Sainteté dit à François de retourner à ses porcs et de leur prêcher tous les sermons qu'il voudrait ? Est-ce que François partit vraiment immédiatement trouver la porcherie la plus proche pour se rouler dans la boue, se couvrir de fumier, puis retourna vers Innocent III en déclarant « Seigneur, dit-il, j'ai fait comme tu m'as ordonné ; maintenant, je t'en supplie, écoute ma requête[67] ! » ?

Innocent III reconnut-il vraiment en François, lorsqu'il revint, le petit religieux qu'il avait vu en rêve soutenir de son épaule la basilique du Latran en train de s'effondrer ? Peut-être, plus vraisemblablement, le souverain pontife se laissa-t-il persuader par le conseil du cardinal Jean de Saint Paul : « Si nous rejetons la pétition d'un pauvre homme au motif que sa Règle est nouvelle et trop austère, alors qu'il nous présente la requête d'approuver une forme de vie qui applique l'Évangile à la lettre, nous devons craindre de contrarier l'Évangile même du Christ[68].»

---

[66] Légende des Trois Compagnons 47-52 et //

[67] Roger de Wendover, *Fleurs des histoires* (cité dans *François d'Assise, Écrits, Vies, documents*, J. Dalarun éd., Paris, Cerf/Éditions Franciscaines, 2010, vol. 2, témoignage n° 6).

[68] Legenda Major III, 9

Indépendamment des détails, il est clair que François désirait sérieusement l'approbation du pape, qu'il était venu la chercher, et qu'il l'a finalement obtenue. En fait, François avait tellement confiance en l'autorité de l'Église qu'il ne pouvait qu'être satisfait de recevoir l'assurance, par le Saint-Père, que le mode de vie qu'il avait choisi était un moyen tout à fait légitimc de suivre l'Évangile.

François cherchait également la bénédiction de l'Église par d'autres moyens. Ainsi, lorsque ses frères voyageaient pour aller prêcher l'Évangile, François insistait pour qu'ils le fassent uniquement avec la permission du prêtre ou de l'évêque local. La permission était habituellement accordée mais en au moins une occasion, l'évêque d'Imola refusa à François sa demande d'autorisation de prêcher, en le prévenant : « Il suffit, frère, que je prêche à mon peuple ! »

François eut là l'opportunité d'exprimer son respect, et il le fit en s'inclinant poliment avant de partir. Le saint était obéissant mais il était aussi persévérant. Il revint une heure plus tard, à la surprise de l'évêque - « Que veux-tu, frère ? Que demandes-tu encore ? » - « Seigneur, répondit François, si le père repousse le fils par une porte, il faut bien qu'il rentre par une autre. » L'évêque, ému par la politesse de François, son amabilité, son respect, l'embrassa instantanément et donna l'autorisation à tous les frères de prêcher dans son diocèse autant qu'ils le voudraient[69].

La façon dont François bâtit son ordre était en harmonie avec son désir d'être obéissant à l'autorité de l'Église. Il

[69] Cf. Thomas de Celano, *Vita II*, 147 ; saint Bonaventure, *Legenda maior*, VI, 8.

prescrivait que les ministres de l'ordre « demandent au seigneur pape un cardinal de la sainte Église romaine comme gouverneur, protecteur et correcteur de cette fraternité, afin que, toujours soumis et prosternés aux pieds de cette sainte Église, stables dans la foi catholique, nous observions la pauvreté, l'humilité et le saint Évangile de notre Seigneur Jésus-Christ que nous avons fermement promis[70].»

Dans sa première Règle, François indique : « Aucun candidat ne peut être reçu contrairement aux normes et prescriptions de l'Église[71]. » Il ajoute plus loin : « Aucun frère ne doit pêcher contre les enseignements et les institutions de la sainte Église[72]. » Et il ajoute encore : « Tous les frères sont tenus d'être catholiques, et vivre et parler en tant que tels. Quiconque abandonne la foi catholique ou la pratique de la foi catholique en parole ou en acte devra absolument être exclus de l'ordre, à moins qu'il ne se repente[73] ».

Jusqu'à son dernier jour, la consécration de François à l'Église, à ses prêtres, et à l'Eucharistie, qu'elle seule peut offrir, n'a jamais diminué. Quand sa santé s'est détériorée, les frères lui demandèrent de laisser un témoignage écrit de ses dernières volontés. Il écrivit alors que les frères « doivent toujours humblement et fidèlement obéir aux prélats et au clergé de notre sainte mère l'Église[74] ».

---

[70] Deuxième Règle 12, 3-4

[71] Première Règle 2, 12

[72] Première Règle 17, 1

[73] Première Règle, 19, 1-2.

[74] Testament de Sienne, 5.

Il encouragea également les laïcs à montrer du respect « envers les prêtres, non pour eux-mêmes s'ils sont pécheurs, mais à cause de leur office, parce qu'ils sont les ministres du Corps et du Sang très saints du Christ qu'ils offrent en sacrifice sur l'autel, qu'ils reçoivent et distribuent aux autres[75]». Et voici ce qu'il écrit dans son Testament :

> Le Seigneur me donna et me donne encore une si grande foi dans les prêtres qui vivent selon l'enseignement de la sainte Église romaine, à cause de leur caractère sacerdotal, que même s'ils me persécutaient, je veux cependant avoir recours à eux. Et même si j'avais autant de sagesse que Salomon et que je trouve de pauvres petits prêtres appartenant à ce monde pécheur, je ne voudrais pas prêcher dans leur paroisse contre leur volonté. Ceux-là et tous les autres, je veux les respecter, les aimer et les honorer comme mes seigneurs. Je ne veux pas considérer en eux le péché car c'est le Fils de Dieu que je discerne en eux et ils sont mes seigneurs. J'agis ainsi parce qu'en ce monde je ne vois rien du Fils de Dieu avec mes sens, sinon son Corps et son Sang très saints que les prêtres reçoivent eux-mêmes et dont ils sont les seuls ministres[76].

François faisait bien sûr le lien entre l'autorité de l'Église hiérarchique et le don des sacrements. Mais ce n'était pas un idéaliste aveugle. Il savait que la grâce de Dieu dans les sacrements était à l'œuvre, en dépit de ministres pécheurs. Il

[75] 2 Lettre à tous les fidèles 5

[76] Testament 6-10

y avait des membres corrompus de l'Église alors, comme il y en a aujourd'hui et comme il y en a toujours eu, et François le savait. Mais il comprenait bien le pouvoir spirituel de l'Église que le Christ avait instituée, et contre laquelle « les portes du mal ne pourraient rien » (Mt, 16, 18).

Cette humble soumission à l'Église était, pour François, réellement une soumission au Christ. Aimer l'Église était la conséquence naturelle de son engagement total à vivre l'Évangile.

### Le pape François et l'autorité de l'Église

Certains ont le sentiment erroné qu'être pape, c'est être comme Dieu, au moins pour ce qui est d'émettre les décrets de moralité et de déterminer les doctrines de l'Église. Mais il n'en est pas ainsi. Le pape ne peut pas enchâsser ses idéologies personnelles dans l'enseignement de l'Église et en faire des dogmes. Le successeur de Pierre reçoit son autorité de la même source que Pierre : le Christ. Le pape est soumis à l'enseignement de l'Église du Christ qui a été transmis et préservé dans le cœur de l'Église.

Ainsi le Saint-Père François est soumis à l'autorité de l'Église. Ce que l'Église enseigne, le pape François l'enseigne. Écoutons l'entretien du pape François avec un membre de la presse pendant le vol de retour de la Journée Mondiale de la Jeunesse à Rio de Janeiro :
**Patricia Zorzan :** La société est changée, les jeunes sont changés et on voit beaucoup de jeunes au Brésil. Vous n'avez pas parlé de l'avortement, du mariage entre personnes du

même sexe. Au Brésil a été approuvée une loi qui élargit le droit à l'avortement et a permis le mariage entre personnes du même sexe. Pourquoi n'avez-vous pas parlé de cela ?
**Pape François :** L'Église s'est déjà parfaitement exprimée là-dessus. Il n'était pas nécessaire d'y revenir, de même que je n'ai pas parlé non plus de la fraude, du mensonge et d'autres choses sur lesquelles l'Église a une doctrine claire !
**Patricia Zorzan :** Mais c'est un sujet qui intéresse les jeunes…
**Pape François :** Oui, mais ce n'était pas nécessaire d'en parler, mais bien des choses positives qui ouvrent le chemin aux jeunes. N'est-ce pas vrai ? En outre, les jeunes savent parfaitement quelle est la position de l'Église.
**Patricia Zorzan :** Quelle est la position de Votre Sainteté, pouvez-vous en parler ?
**Pape François :** Celle de l'Église. Je suis fils de l'Église.

Le pape François décrit son rôle comme souverain pontife avec cette image frappante d'amour et de loyauté : il est fils de l'Église. *« Mère Église »* est un titre traditionnel du corps du Christ sur la terre. Et le pape François croit en la bonté de son influence maternelle. « L'Église est Mère, a-t-il dit une fois, elle nous parle comme une mère parle à ses enfants, avec cette confiance que l'enfant sait déjà que tout ce qu'elle lui enseigne est pour son bien, parce qu'il sait qu'elle l'aime[77]. »

Cela aide à expliquer le respect du pape François pour l'autorité de l'Église. Ce que l'Église enseigne est pour notre bien, même en ce qui concerne les sujets brûlants d'actualité.

---

[77] Julie Schwietert Collazo and Lisa Rogak *Pope Francis: In His Own Words* (Novato, Calif.: New World Library, 2013), p. 20.

Mais le Saint Père n'aborde pas ces problèmes parce que l'enseignement de l'Église est clair et bien connu. Au lieu de se focaliser sur ce qui est interdit, le pape François choisit de parler de ce que le christianisme propose. Cette approche est davantage pastorale qu'autoritaire.

À ceux qui se demandent pourquoi on voit un changement de ton dans la papauté mais pas dans les enseignements, le pape François explique que la position du pape est la position de l'Église. L'Église est une institution qui par essence est autorisée et capable d'enseigner la vérité. Et le pape François soutient avec amour et invariablement cette vérité.

Il a ainsi parlé avec passion des positions de l'Église sur beaucoup de sujets controversés. En tant qu'évêque de Buenos Aires, il s'est opposé à la légalisation de l'avortement, accusant le gouvernement de manquer de respect pour l'opinion de la majorité des Argentins et d'essayer de causer à l'Église « une déstabilisation dans notre défense de la dignité de la personne[78] ». Il a affirmé:

> Une femme enceinte ne porte pas une brosse à dents dans son sein ! La science nous montre que le code génétique entier est défini dès le moment de la conception. Ce n'est donc pas un problème religieux, mais de moralité basée sur des données scientifiques, parce que nous sommes en présence d'un être humain.

Au sujet de la beauté de la vie en général, il a déclaré : « Protéger la vie de son commencement jusqu'à sa fin, c'est

[78] Moynihan, p. 152

une chose tellement simple et tellement belle[79]. » En 2007 il présenta la version définitive d'un rapport conjoint des évêques d'Amérique latine, connu sous le titre de *Document d'Aparecida*. On peut y lire :

> Nous espérons que les législateurs, chefs de gouvernement et professionnels de la santé, conscients de la dignité de la vie humaine et de l'enracinement de la famille dans nos populations, la défendront et la protègeront des crimes abominables de l'avortement et de l'euthanasie ; ceci est de leur responsabilité[80].

Le même rapport reprend précisément l'enseignement de l'Église sur la communion :

> Nous devrions nous engager à une « cohérence eucharistique », stipule le document, ce qui signifie que nous devrions être attentifs à ce que des personnes ne peuvent en même temps d'un côté recevoir la Sainte Communion et d'un autre agir ou parler contre les commandements, en particulier lorsque c'est pour faciliter l'avortement, l'euthanasie, et d'autres graves crimes contre la vie et la famille. Cette responsabilité s'applique particulièrement aux législateurs, à ceux qui gouvernent, et aux professionnels de la santé.

Le Saint-Père a aussi défendu les positions de l'Église concernant la communion aux personnes divorcées et

---

[79] Moynihan, p. 200.

[80] Sam Guzman, "Pope Francis: Pro-abortion Politicians Shouldn't Receive Communion," *Personally Speaking*, 14 mars 2013

remariées. Et en 2010, il avait d'ailleurs conduit la protestation contre la légalisation du mariage homosexuel en Argentine, en précisant :

> Nous ne sommes pas naïfs ; ceci n'est pas simplement une lutte politique, mais une tentative destructive du plan de Dieu. Ce n'est pas seulement un projet de loi (celui-ci n'est qu'un instrument), mais il s'agit d'une «manœuvre» du père du mensonge qui cherche à embrouiller et à tromper les enfants de Dieu[81].

Cependant, au lieu d'en faire un motif de jugement et de condamnation de ceux qui violent les enseignements moraux souvent contestés de l'Église, le pape François préfère prôner la miséricorde de Dieu et son pardon. « Ce dont l'Église a le plus besoin aujourd'hui, a-t-il déclaré dans une interview quelques mois après son élection à la papauté, c'est la capacité à soigner les blessures et à réchauffer les cœurs des fidèles ». Sans minimiser la gravité du péché, il veut montrer à ceux qui se sentent à l'écart de l'Église une voie de retour dans le troupeau. Dans sa seconde homélie en tant que pape, à la paroisse Sainte-Anne du Vatican, le pape François prêcha ainsi :

> Le message de Jésus est celui-ci : la miséricorde. Pour moi, je le dis humblement, c'est le message le plus fort du Seigneur : la miséricorde !

---

[81] Jorge Bergoglio, "Lettre aux Sœurs carmélites de l'archidiocèse de Buenos Aires," 22 Juin, 2010, publiée dans *New Oxford Review,* 1er Mai 2013, p. 19

Il n'est pas facile de se confier à la miséricorde de Dieu, parce qu'elle est un abîme incompréhensible. Mais nous devons le faire !

- Oh, père, si vous connaissiez ma vie, vous ne me parleriez pas ainsi !
- Pourquoi ? Qu'est-ce que tu as fait ?
- Oh, j'en ai fait de grosses !
- J'ai mieux pour toi ! Va chez Jésus : il aime que tu lui racontes ces choses ! Lui, il oublie ! Il a, lui, une capacité d'oublier spéciale. Il oublie, il t'embrasse, te prend dans ses bras et te dit seulement : *« Moi non plus, je ne te condamne pas. Va, et désormais ne pèche plus »* (*Jn* 8, 11) ; il te donne seulement ce conseil. »

Un mois après, nous sommes dans les mêmes conditions… Retournons vers le Seigneur. Le Seigneur ne se fatigue jamais de pardonner, jamais ! C'est nous qui nous fatiguons de lui demander pardon. Et demandons la grâce de ne pas nous fatiguer de demander pardon, parce que lui ne se fatigue jamais de pardonner. Demandons cette grâce[82] !

Le pape François prêche dans l'esprit du Christ : « La miséricorde de Notre-Seigneur nous motive à devenir meilleurs. Le pardon illimité de Dieu ne peut jamais être une excuse pour persister dans notre péché[83].»

---

[82] Pape François, homélie à la paroisse Sainte-Anne au Vatican, dimanche de Carême, 17 Mars 2013

[83] Pape François. *L'Église que j'espère.*

Cette expression de sa loyauté envers l'Église, accompagnée de sa compassion pastorale envers ceux qui peinent à pratiquer les commandements évangéliques, est en train de devenir la marque du pontificat du pape François. C'est peut-être par cette approche mesurée que le Saint-Père espère créer un pont entre les catholiques « libéraux » et les « conservateurs ». Aider à cicatriser de telles divisions et apporter une plus grande unité entre ces groupes serait d'un grand secours pour l'Église que le pape François aime tant.

Arriver à ce niveau d'harmonie requiert une vraie compréhension de la nature et de la mission de l'Église. L'Église, en effet, n'est pas une simple institution humaine ; elle est une institution divine que Dieu a confiée aux soins de l'humanité. Dans sa communication, le pape François essaie de faire comprendre que l'Église est menée par l'Esprit-Saint et centrée sur le Christ.

Par exemple, le second jour de son pontificat, le pape François a tenu une conférence de presse pour l'armée de journalistes présents à Rome durant le conclave ; beaucoup d'entre eux n'étaient pas catholiques et il a demandé :

> Essayez de comprendre plus pleinement, de façon plus globale, la vraie nature de l'Église, ainsi que son parcours dans ce monde, avec ses vertus et ses péchés, et de voir les préoccupations spirituelles qui la guident et qui constituent le moyen le plus authentique de la comprendre […]
> En effet l'Église, tout en étant certainement aussi une institution humaine, historique, avec tout ce que cela comporte, n'a pas une nature politique, mais

> essentiellement spirituelle : elle est le Peuple de Dieu, le saint Peuple de Dieu, qui marche vers la rencontre avec Jésus-Christ. C'est seulement en se mettant dans cette perspective qu'on peut rendre pleinement raison de ce que l'Église catholique accomplit. Comme l'a répété plusieurs fois Benoît XVI, le Christ est présent et guide son Église.

Il a aussi présenté ce point de vue dans son homélie aux cardinaux électeurs : « Nous pouvons marcher comme nous voulons, nous pouvons édifier de nombreuses choses, mais si nous ne confessons pas Jésus-Christ, cela ne va pas. Nous deviendrons une ONG humanitaire, mais non l'Église, Épouse du Seigneur[84]. »

Clairement, le pape François conçoit l'Église comme intimement liée au Christ et à l'œuvre du Christ sur la terre. C'est sans doute dans son discours lors d'une catéchèse au Congrès eucharistique international de 2008 que la vision du pape François sur l'Église est la mieux expliquée : « En défendant son identité et son irréprochabilité, l'Église protège le canal par lequel est transmis le cadeau de la vie au monde[85].»

Cette vision de l'autorité de l'Église n'est pas une obéissance aveugle à un ensemble d'enseignements arbitraires. Pour le pape François, l'infaillibilité de l'Église sert son dessein encore plus grand qui est de faire la lumière sur la vérité qui apporte la plénitude de la vie au monde.

---

[84] Pape François. Homélie aux cardinaux électeurs. 14 mars 2013.

[85] Moynihan, p. 221.

## Saint François et le Corps du Christ

Par une révélation extraordinaire, Dieu demanda à saint François de rebâtir son Église. C'est l'un des plus célèbres passages des sources franciscaines. Saint Bonaventure l'a relaté ainsi :

> Un certain jour, en effet, *sorti pour méditer dans la campagne*, alors qu'il déambulait près de l'église Saint-Damien, laquelle menaçait ruine en raison de sa trop grande vétusté, et que, poussé par l'esprit, il était entré pour y prier, prosterné devant l'image du Crucifié, il fut rempli durant sa prière d'une immense consolation de l'esprit. Et tandis que, les yeux baignés de larmes, son attention se portait sur la croix du Seigneur, il entendit des oreilles du corps une voix s'échappant de la croix elle-même, lui disant par trois fois : « François, va et répare ma maison qui, comme tu le vois, est toute détruite. » Effrayé puisqu'il était seul dans l'église, François reste stupéfait d'entendre une voix si surprenante et, percevant de cœur la vertu de la parole divine, il est ravi par une extase de l'esprit. Revenu enfin à lui, il se prépare à obéir, se reprend complètement en vue du mandat de réparer une église matérielle, bien que la signification essentielle du mot s'appliquât à *celle que* le Christ *s'est acquise par son* sang, comme l'Esprit-Saint lui apprit et comme lui-même le révéla plus tard aux frères[86].

[86] Saint Bonaventure, *Legenda maior,* II, 1.

Cela prit du temps à François, mais il finit par réaliser que Dieu ne voulait pas parler de réparations avec du mortier et de la pierre. Dieu appelait François à aider à redonner vie au Corps mystique du Christ.
Les membres de l'Église, à ce moment de l'histoire avaient besoin de ce que nous appellerions aujourd'hui un « renouveau ». Dans son encyclique sur saint François d'Assise, le pape Léon XIII décrit cette situation :

> La licence avait porté une terrible atteinte à la morale populaire, et rien n'était plus nécessaire à l'homme qu'un retour aux sentiments chrétiens (...) Ceux-là même qui, par leur métier auraient dû être des exemples pour les autres n'ont pas résisté à se souiller eux-mêmes dans les vices qui prévalaient alors[87].

Et arrive François de Bernardone. Comme l'écrit Léon XIII, « avec une résolution étonnante et simple il entreprit de montrer aux yeux du monde vieillissant, dans ses paroles et dans ses actes, le modèle accompli de la perfection chrétienne[88] ».

À travers son exemple et ses prédications, François réforma l'Église. Pour l'amour du Christ et des chrétiens, il alla de ville en ville, parfois visitant jusqu'à cinq villages par jour, prêchant l'Évangile sur le perron d'une maison ou juché sur une botte de paille. Mais il ne montait jamais en chaire sans d'abord pratiquer ce qu'il prêchait. Il était un professeur efficace parce qu'il était un authentique témoin du Christ.

---

87 Pape Leon XIII, n° 8.

88 Pape Leon XIII, n° 9.

Cependant François ne s'attendait pas à ce que tout le monde vive l'Évangile exactement comme il le faisait. Il comprenait que le Corps du Christ a plusieurs membres, qui sont tous appelés à servir Dieu à leur manière, et, en dépit de son engagement personnel à la pauvreté, il n'a jamais reproché aux riches de suivre une voie différente. Avec respect et humilité il s'adressait aux puissants chefs de l'Église, leur demandant de confirmer son choix de suivre une voie de pauvreté. Il comptait parmi ses amis des hommes aussi riches et puissants que le cardinal Hugolin (le futur pape Grégoire IX) et le comte Roland, qui fit don à François d'un beau refuge au mont Alverne à la fin de sa vie.

François souhaitait que les divers charismes du Corps ne soient pas utilisés de manière fière et vaniteuse. La Règle de 1221 indique :

> Aussi je prie, dans la charité qu'est Dieu, tous mes frères prédicateurs, priants, travailleurs, aussi bien clercs que laïcs, de s'appliquer à s'humilier en tout, ne pas se glorifier ni être satisfaits d'eux-mêmes, ni s'enorgueillir des bonnes paroles, des bonnes actions ni d'absolument aucun bien que Dieu fait ou dit et opère parfois en eux et par eux, selon la parole du Seigneur : *Ne vous réjouissez pas de ce que les esprits vous sont soumis* (Lc 10, 20)[89].

En guidant ceux qui avaient des dons et des rôles différents des siens, François cherchait à édifier le Corps du Christ. Il écrivait des lettres à des personnalités issues d'un large

---

[89] Première Règle 17, 5-6

éventail social et ecclésial, leur prodiguant ses conseils en fonction de leurs propres situations. De cette façon, il en encouragea beaucoup à faire leur part pour l'édification de l'Église du Christ.

Dans sa *Lettre aux chefs des peuples,* par exemple, il avise les magistrats, les consuls, les juges et les gouverneurs du monde entier en ces termes : « Au milieu du peuple qui vous a été confié, rendez au Seigneur cet hommage : chaque soir un crieur public ou tout autre signal annoncera à toute la population qu'elle doit rendre louanges et actions de grâces au Dieu tout puissant[90]. » Cette façon publique et largement répandue de soutenir le christianisme faisait partie du « renouveau » dont l'Église avait besoin.

Mettre l'accent sur la miséricorde était également nécessaire afin de revigorer l'Église dans cette période d'errance morale. François écrit ainsi à un frère en responsabilité : « C'est à ce signe que je peux reconnaître si tu aimes Dieu et moi-même, son serviteur et le tien : qu'il n'y ait aucun frère au monde qui pèche autant que l'on puisse pécher et qui, après avoir rencontré ton regard, ne reparte jamais sans ton pardon, s'il demande pardon ; et s'il ne demande pas pardon, toi demande-lui s'il veut être pardonné[91]. »

Dans sa *Lettre à tous les Fidèles*, François évoque encore la miséricorde : « Ceux qui ont reçu le pouvoir de juger les autres, qu'ils l'exercent avec miséricorde, comme eux-mêmes

---

[90] Lettre aux chefs des peuples, 7

[91] Lettre à un ministre, 9-10

veulent obtenir miséricorde du Seigneur[92].» Dans la même lettre, il donne son point de vue sur la compassion que des membres de l'Église devraient avoir l'un envers l'autre.

> Celui à qui a été confiée l'autorité et qui est considéré comme *le plus grand, qu'il soit plus petit et serviteur* des autres frères. Qu'il ait et use envers chacun de ses frères de la miséricorde qu'il voudrait qu'on ait envers lui s'il était dans une situation semblable. Qu'il ne s'irrite pas contre un frère qui a commis une faute mais qu'il l'avertisse avec bonté et le soutienne en toute patience et humilité[93].

Un autre élément central du renouveau de François était sa vénération pour l'Eucharistie, Corps et Sang du Christ ressuscité qui se rend présent à nous. En rappelant aux chrétiens la signification du sacrement de l'Eucharistie, François contribuait à solidifier leur foi. Il parlait souvent du Sacrement béni, du besoin de le vénérer et d'y prendre part :

> Nous devons aussi confesser tous nos péchés à un prêtre et recevoir de lui le Corps et le Sang de Notre Seigneur Jésus Christ. Qui ne mange pas sa chair et ne boit pas son sang ne peut entrer dans le Royaume de Dieu[94].

Il souhaitait que le clergé invite à la conversion, en redécouvrant notamment la beauté de l'Eucharistie. Dans son

---

[92] 2 Lettre à tous les fidèles, 28

[93] Ibid. 42-44

[94] Ibid. 22-23

*Testament,* cet homme qui est allé au-delà de ses limites humaines en se privant des richesses de ce monde insistait : « Je veux que ce très saint sacrement soit vénéré et honoré plus que tout et placé dans des endroits précieux[95]. » Dans cette ère de cupidité et d'excès matériels, François définissait le lieu où se trouve la vraie richesse.

Saint Bonaventure souligne que François « brûlait envers le sacrement du Corps du Seigneur de la ferveur de toutes ses entrailles, admirant de la stupeur la plus grande cette très charitable faveur et cette très favorable charité[96] », et précise qu'il recevait la sainte communion souvent et avec tant de dévotion qu'il suscitait cette dévotion chez les autres aussi.

Susciter cette dévotion chez les autres était précisément ce que François savait si bien faire. Il valorisait et respectait chacun, quelques soient ses dons, et les encourageait à utiliser et développer ces dons pour le bien de l'Église. Son influence était si positive et si profonde que la plupart des personnes qu'il rencontrait désiraient l'imiter et le suivre. C'est ainsi que l'Ordre franciscain vit le jour, avec les Frères mineurs pour les hommes consacrés, les Pauvres Dames (ou clarisses) pour les femmes consacrées, et même le Troisième Ordre pour les laïcs.

Par leur vie de fraternité profonde et fervente, ces chrétiens qui partageaient le charisme de François, ont contribué à leur manière au renouveau de l'Église du XIIIe siècle, comme ils continuent à le faire aujourd'hui encore. Les contributions de

---

[95] Testament 11

[96] Saint Bonaventure, *Legenda maior*, IX, 2.

saint François d'Assise à la santé et au bien-être de l'Église sur huit siècles sont sans doute sans équivalent.

**Le pape François et le Corps du Christ**

Nul doute que ce fut un grand moment lorsque le cardinal Tarcisio Bertone coupa le ruban rouge qui scellait les appartements papaux et remit au pape François la clef de sa nouvelle résidence. Le pontife nouvellement élu entra poliment pour faire le tour des pièces, mais comme le monde le découvrit peu de temps après, cet appartement ne devait pas être sa nouvelle demeure. À la place, le pape François décida de résider dans un appartement de la Maison Sainte-Marthe. Cette résidence, qui fut celle des cardinaux durant le conclave, est également la maison des hôtes de la cité du Vatican ainsi que d'une douzaine de résidents permanents.
Beaucoup soulignèrent que c'était un exemple de plus du penchant du nouveau pape pour la simplicité et la pauvreté. Mais en réponse à une question lors d'une conférence de presse, le pape François apporta un autre éclairage à sa décision :

> Vous parliez du fait que je suis resté à Sainte-Marthe : mais je ne pourrais pas vivre seul au Palais, et il n'est pas luxueux. L'appartement pontifical n'est pas très luxueux ! Il est vaste, il est grand, mais il n'est pas luxueux. Mais je ne peux pas vivre seul ou avec un tout petit groupe ! J'ai besoin de gens, de trouver des gens, de parler avec les gens… Les jeunes des écoles jésuites m'ont posé la question : « Pourquoi ce choix ? Par austérité ? Par pauvreté ? » Non, non : pour des motifs

psychologiques, simplement parce que psychologiquement je ne peux pas[97].

Certaines personnes tirent leur énergie des personnes qui les entourent. Le pape François est de celles-là. C'est une « personne du peuple ». Il s'engage naturellement avec les gens qu'il rencontre chaque jour et il semble se renforcer par leur présence. Comme il l'a dit, « une chose qui est vraiment importante pour moi est la communauté. J'ai toujours cherché à faire partie d'une communauté. Je ne pouvais pas m'imaginer en prêtre solitaire. J'ai besoin d'une communauté[98]. »

Cette inclination particulière que Dieu lui a donnée lui permet maintenant de forger un relationnel fort avec tout le monde. Cette façon d'interagir avec son troupeau est un exemple de la manière dont il espère édifier le Corps du Christ. C'est une approche très concrète, très individualisée, très personnelle, qui fait savoir aux gens qu'ils ont du prix pour Dieu, qu'ils sont les membres irremplaçables de l'Église.

Les exemples abondent sur la manière dont le Saint Père a su encourager chez des personnes très diverses ce qu'elles ont de meilleur. Comme il l'a déclaré : « Jésus ne dit pas aux apôtres, ni à nous, de former un groupe exclusif, une élite[99]. »

---

[97] Pape François lors de sa conférence de presse au retour des JMJ.

[98] Pape François, *L'Église que j'espère.*

[99] Rocco Palma, "A Place of Mercy and Hope'—At Audience, Francis on 'Being Church,' *Whispers in the Loggia*, 12 juin 2013.

Au contraire, le pape François se rend accessible au peuple « ordinaire ».
Le quatrième jour de son pontificat, par exemple, au grand dam de son personnel de sécurité, il salua chaleureusement chaque personne après la messe dans une paroisse locale, embrassant aussi chaque petit enfant qu'on approchait de lui. Quel témoignage ce fut de l'affection du Saint-Père pour ceux qui vinrent à l'église ! Ensuite il entreprit de marcher dans la rue, saluant et serrant des mains au milieu de la foule qui l'attendait dehors.

Lorsqu'un petit garçon de neuf ans sortit de la foule durant les Journées Mondiales de la Jeunesse à Rio de Janeiro pour saluer le pape, celui-ci lui parla gentiment et l'embrassa chaleureusement puis il le fit retourner auprès de ses parents tandis que l'enfant pleurait des larmes de joie d'avoir eu cette extraordinaire rencontre. Quand le pape prit possession de la basilique Saint-Jean-du-Latran, l'église cathédrale du diocèse de Rome, il prit une longue pause pour saluer personnellement un grand nombre d'hommes et de femmes confinés dans leurs fauteuils roulants ainsi que leurs aides-soignants.

Ses déplacements en papamobile sont aussi une démonstration de son intérêt pour le peuple. Ils sont à chaque fois ponctués d'arrêts pour prendre le temps d'embrasser des bébés et de donner un petit moment de tendresse aux enfants et aux adultes handicapés. Clairement, il donne de l'importance à leur présence dans l'Église. Il a même accueilli dans sa papamobile un jeune homme de dix-sept ans atteint du syndrome de down, lui offrant de s'asseoir dans le fauteuil papal blanc.

De tels moments révèlent un homme profondément dévoué au peuple dont il a la charge, dans toute sa diversité. Ce ne sont pas des numéros anonymes ou de simples visages dans une foule, mais des personnes uniques, chacune, selon un chemin particulier, étant appelée et ayant reçu un don de Dieu d'une manière spéciale. Comme il l'a déclaré dans la conférence de presse mentionnée plus haut : « Chacun doit aller de l'avant, avec sa façon de vivre, d'être[100]. »

Par ces mots, le pape François ne donnait pas sa bénédiction à ceux qui choisissent de vivre d'une manière contraire à la loi de Dieu, mais ses paroles nous rappellent que les membres du Corps du Christ ne sont pas faits pour être des clones l'un de l'autre. Ainsi, Benoît XVI était-il un théologien de classe mondiale et un enseignant qualifié, un expert qui souligna la complémentarité entre foi et raison. Il a aussi vigoureusement condamné les abus sexuels et invité à redécouvrir la beauté de la liturgie. Le pape François a d'autres charismes et son pontificat montre déjà qu'il impulse un changement. C'est ainsi que ce doit être. C'est ainsi que le Corps du Christ avance, se développe.

Comme le pape François l'a exprimé lorsqu'il s'est adressé aux cardinaux deux jours après son élection :

> Lui, le Paraclet, est l'acteur premier de toute initiative et manifestation de la foi. Curieusement, cela me fait penser que le Paraclet est à l'origine de la diversité dans les Églises, et il semble que ce soit un apôtre de Babel. Mais d'autre part, il est Celui qui fait l'unité de ces

---

100 Pape François lors de sa conférence de presse au retour des JMJ.

> différences, non dans « l'égalité », mais dans l'harmonie. Je me rappelle ce Père de l'Église qui le définissait ainsi : « *Ipse harmonia est* ». Le Paraclet qui donne à chacun de nous des charismes différents, nous unit dans cette communauté d'Église, qui adore le Père, le Fils et Lui, l'Esprit-Saint[101].

L'Église n'est pas simplement une communauté d'individus qui ont mis en commun leurs divers talents pour un bénéfice mutuel. C'est un corps qui a une tête, de laquelle il ne peut être séparé. Il y a un critère d'appartenance à ce corps, une mission spéciale, et une loi à suivre. Le Saint-Père l'a expliqué dans plusieurs de ses audiences générales :

> L'image du corps nous aide à comprendre ce lien profond Eglise-Christ [...] Ce corps a une tête, Jésus, qui la guide, la nourrit, et la soutient [...]. Si la tête est séparée du reste du corps, la personne entière ne peut survivre. Ainsi en est-il de l'Église ; nous devons rester liés encore plus profondément à Jésus [...] Exactement comme le corps a besoin du sang pour rester en vie, nous devons laisser Jésus travailler en nous[102].

Le pape a aussi envoyé un tweet qui résumait ceci : « On ne peut séparer le Christ et l'Église[103]. »

Et il a parlé de l'importance de la foi et du baptême pour le peuple de Dieu : « C'est par notre baptême que nous faisons

[101] Pape François, Audience à tous les Cardinaux, Salle Clémentine, Vendredi 15 Mars 2013

[102] Pape François, Audience Générale, Mercredi 19 juin 2013, Place Saint Pierre

[103] Tweet, 11 août 2013.

notre entrée dans ce peuple, par la foi en Christ, le don de Dieu que nous devons entretenir, dont nous devons prendre soin pendant toute notre vie[104].»

La mission du Peuple de Dieu, selon le pape François est « d'apporter au monde l'espérance et le salut de Dieu ; d'être témoin de l'amour de Dieu qui nous appelle tous à être de ses amis, d'être le levain dans la pâte, le sel qui donne du goût et préserve du pourrissement, la lumière qui illumine[105]». Le Saint-Père prend vraiment ces paroles à cœur chaque fois qu'il les adresse, dans un esprit sincère de bienveillance, aux multitudes qui l'entourent. Il fait sa part pour être un témoin de l'amour de Dieu.

L'amour divin guide le Peuple de Dieu. Le pape François nous rappelle qu'en tant que membres de l'Église, nous sommes appelés à suivre « la loi d'amour, amour pour Dieu, et amour pour notre prochain », selon le nouveau commandement que le Seigneur nous a laissé (cf. Jn 13, 34) . Il insiste sur le fait que cet amour « n'est pas du sentimentalisme ou quelque chose de vague ». Bien au contraire, cet amour doit être concret et agissant, reconnaissant à la fois la primauté de Dieu et acceptant les autres membres du corps avec un amour vainqueur des « divisions, rivalités, incompréhensions, et égoïsmes ». C'est la recette pour avoir un « corps » en bonne santé. En fait cette unité est indispensable au bien-être du corps du Christ. Le pape François s'est exprimé avec passion sur ce sujet :

---

104 Pape François, Audience Générale, Mercredi 12 juin 2013, Place Saint Pierre.

105 Pape François, Audience Générale, Mercredi 12 juin 2013, Place Saint Pierre

> Rappelons-nous bien ceci : faire partie de l'Église signifie être unis au Christ et recevoir de Lui la vie divine qui nous fait vivre en chrétiens ; cela signifie de rester unis au pape et aux évêques qui sont des instruments d'unité et de communion, et cela veut dire aussi de voir au-delà de nos intérêts personnels et de surmonter nos divisions, afin de mieux nous comprendre les uns les autres, de créer une harmonie à partir de la variété et de la richesse de chaque membre ; en un mot, d'aimer Dieu et ceux qui sont les plus proches de nous, dans la famille, la paroisse, les associations. Pour pouvoir vivre, un corps et ses membres doivent être unis ![106]

À cette même audience générale, le Saint-Père a évoqué la regrettable réalité des factions au sein de l'Église. Il ne condamne pas mais s'intéresse plutôt à la solution :

> Que de dégâts les chrétiens divisés, en étant partisans d'intérêts étroits, causent à l'Église ! Prions pour que Notre Seigneur nous donne la grâce de l'unité ! L'unité entre nous ! Comment aurons-nous jamais l'unité entre chrétiens si nous ne sommes pas capables de l'avoir entre catholiques ? Cherchez l'unité ; l'unité construit l'Église et vient de Jésus Christ. Chers frères et sœurs, demandons à Dieu de nous aider à être les membres du corps de l'Église, toujours profondément unis au Christ ; qu'il nous aide à ne pas faire mal au corps de l'Église avec nos conflits, nos divisions, notre égoïsme : de nous aider à être des membres vivants liés

[106] Pape François, Audience Générale, Mercredi 19 juin 2013, Place Saint Pierre

les uns aux autres par un seul pouvoir, celui de l'amour dont l'Esprit-Saint emplit nos cœurs (cf. Rm 5, 5).

## Pistes de réflexion et d'action

- *Catéchisme de l'Église catholique, 2030 :* « C'est dans l'Église, en communion avec tous les baptisés, que le chrétien accomplit sa vocation. De l'Église, il reçoit la Parole de Dieu qui contient les enseignements de *« la loi du Christ »* (Ga 6,2). De l'Église, il reçoit la grâce des sacrements qui le soutiennent sur son « chemin ». De l'Église, il apprend l'exemple de la sainteté et reconnaît comme modèle et source de toute sainteté la Vierge Marie ; il discerne la sainteté dans le témoignage authentique de ceux qui la vivent ; il la découvre dans la tradition et la longue histoire des saints qui l'ont précédé et que la liturgie célèbre au rythme d'un cycle sanctoral. »

**Je réfléchis :** De tout ce que l'Église m'offre, qu'est-ce que je trouve le plus important ? Qu'est-ce que j'offre à l'Église en retour ? Comment l'Église peut-elle m'aider à approfondir ma connaissance de la « loi du Christ » ?

- Le pape François considère l'Église comme une mère, dont l'autorité et les enseignements sont toujours offerts dans un esprit d'amour. Il a simplement et sincèrement adhéré à sa conduite, s'identifiant lui-même comme « fils de l'Église ». Même quand il a admis que l'Église pouvait encore grandir, il est néanmoins resté loyal.

**Je réfléchis** : Est-ce que j'apprécie l'autorité maternelle de l'Église ? De quelle manière ai-je été loyal envers elle ? Que pourrais-je faire pour aider les autres à comprendre le sens de son titre de « Mère Église » ?

- Saint François a contribué à réformer le Corps du Christ, un membre à la fois. D'abord en vivant l'Évangile, puis en le prêchant aux autres, il a travaillé à garder l'Épouse du Christ belle et en bonne santé. Ses efforts personnels pouvaient paraître bien petits à l'échelle de l'Église, mais leurs effets à long terme furent énormes.

**Je réfléchis** : Combien de fois est-ce que je pense à ma place et à mon influence dans l'Église, Corps du Christ ? Où puis-je croître dans mon témoignage chrétien envers les autres ? Comment pourrais-je personnellement participer à assurer la bonne santé de l'Église ?

# 4

# LA PAIX

*Comme salutation, le Seigneur m'a révélé que nous devons dire : Que le Seigneur te donne sa paix*[107].
**Saint François**

*Sur la croix Jésus a abattu le mur de l'inimitié, qui sépare les hommes et les peuples, Il a apporté la réconciliation et la paix.*
**Pape François**

Saint François d'Assise est célèbre pour une prière qu'il n'a pas dite ! La prière très populaire « Seigneur, fais de moi un instrument de ta Paix » fit sa première apparition en 1915, au verso d'une image sainte de saint François d'Assise. Maintenant cette prière a fait son chemin jusqu'au verso d'images saintes du pape François. Au-delà de savoir qui est l'auteur de cette prière, le fait est que ces deux hommes ont aspiré à être des « instruments » de paix.

Être chrétien, c'est être artisan de paix. Suivre le Christ, le Prince de la Paix, c'est recevoir la grâce de la paix dans nos cœurs et embrasser l'appel à vivre en paix avec notre

[107] Testament 23

prochain. Le second découle du premier. Lorsque nous sommes dans la Paix du Christ, nous aussi nous pouvons devenir des instruments de paix dans le monde. Jésus attend de nous que nous arrivions à vivre véritablement et durablement dans la paix.

Dans les Évangiles, nous trouvons deux moments où le désir de paix du Christ est dépeint d'une manière très forte. Le premier est l'une des deux occasions où nous avons la certitude que Jésus a pleuré. L'Évangile nous décrit la réaction de Jésus quand il regarde Jérusalem : *« Quand Jésus fut près de Jérusalem, en voyant la ville, il pleura sur elle ; il disait : « Si toi aussi, tu avais reconnu en ce jour ce qui peut te donner la paix ! Mais hélas, cela est resté caché à tes yeux »* (Lc 19, 41-42). Le manque de paix du peuple juif était si tragique qu'il fit pleurer le Christ. Seule la mort de son ami Lazare eut un effet similaire sur Jésus (cf. Jn 11, 35). Pour le Christ, le manque de paix est semblable au chagrin que cause la mort.

L'autre moment où nous entrevoyons le désir qui vient du cœur du Christ pour la paix parmi les hommes est la nuit de la Cène, avant son arrestation. D'après l'Évangile selon saint Jean, après avoir lavé les pieds de ses disciples, Jésus prédit la trahison de Judas et le reniement de Pierre. Ce qui est surprenant est qu'après ces annonces fatidiques, il eut des paroles de consolation : *« Ne soyez donc pas bouleversés : vous croyez en Dieu, croyez aussi en moi»* (Jn 14, 1). Puis un peu plus tard, il promit la paix à ses disciples, et à nouveau il les exhorta à ne pas se laisser troubler *« C'est la paix que je vous laisse, c'est ma paix que je vous donne ; ce n'est pas à la manière du monde que je vous la donne. Ne soyez donc pas bouleversés et effrayés* » (Jn 14, 27).

Jésus conclut son ultime entretien avec ses disciples en parlant spécifiquement de la paix au milieu des tribulations : *« Je vous ai dit tout cela pour que vous trouviez en moi la paix. Dans le monde, vous trouverez la détresse, mais ayez confiance : moi, je suis vainqueur du monde* » (Jn 16, 33).

En cette nuit de tristesse, Jésus n'a pas seulement parlé de trouver la paix intérieure, même au milieu des difficultés ; il a aussi prié pour ses disciples, pour qu'ils soient en paix les uns avec les autres. Jésus *« a levé les yeux au ciel »* et prié son Père pour tous ses disciples, présents et futurs : *« Que tous, ils soient un, comme toi, Père, tu es en moi, et moi en toi. Qu'ils soient un en nous, eux aussi, pour que le monde croie que tu m'as envoyé. Et moi, je leur ai donné la gloire que tu m'as donnée, pour qu'ils soient un comme nous sommes un »* (Jn 17, 20-21). Ces paroles sonnent comme une sorte de dernière volonté et testament que le Christ a laissé à la veille de sa mort, en léguant sa divine paix et demandant l'unité parmi les chrétiens.

Si la paix fut la dernière demande du Christ avant sa mort, ce fut aussi son premier don après sa Résurrection. En dépit de sa précédente exhortation à ne pas avoir peur, ses disciples se cachaient derrière des portes verrouillées *« par crainte des Juifs »*. Jésus leur apparaît et, voyant leur peur, il leur dit : *« La Paix soit avec vous »* (Jn 20, 19). C'est beaucoup plus qu'un simple encouragement. Cette paix est un don du Ressuscité, celui qui a traversé la mort pour nous faire naître à sa vie, à sa paix. Jésus le dit encore une fois et puis *« souffla sur eux et leur dit : Recevez l'Esprit Saint »* (Jn 20, 22).

Nous recevons l'Esprit-Saint lors de notre baptême, et avec lui vient, parmi d'autres dons, celui de la paix intérieure. Saint Paul décrit les fruits de l'Esprit-Saint dans sa lettre aux Galates : *« Voici ce que produit l'Esprit : amour, joie, paix, patience, bonté, bienveillance, foi, humilité et maîtrise de soi »* (Ga 5, 22-23). Paul écrit aussi que l'Esprit du Christ apporte *« vie et paix »* (Rm 8, 6) et que nous devrions *« laisser la paix du Christ régner dans nos cœurs »* (Col 3, 15). Il décrit même la Bonne Nouvelle de Jésus Christ comme *« l'Évangile de paix »* (Ep 6, 15).

Cette paix s'étend au-delà de nous-mêmes. Ainsi le Nouveau Testament met aussi en avant l'importance de l'harmonie entre les peuples. Jésus a donné le ton dans son Sermon sur la montagne. Là, au cœur des Béatitudes, Jésus proclama : *« Heureux les artisans de Paix »* (Mt 5, 9).

Sa prédication nous invite à faire de la paix mutuelle une priorité : *« Lorsque tu vas présenter ton offrande sur l'autel, si, là, tu te souviens que ton frère a quelque chose contre toi, laisse ton offrande là, devant l'autel, va d'abord te réconcilier avec ton frère, et ensuite, viens présenter ton offrande »* (Mt 5, 23-24). La paix est le fondement même de notre adoration de Dieu ; c'est dans la paix que nous l'approchons pour l'adorer.

À la suite de Jésus, saint Paul exhorte l'Église de Corinthe : *« En définitive, frères, soyez dans la joie, cherchez la perfection, encouragez-vous, soyez d'accord entre vous, vivez en paix, et le Dieu d'amour et de paix sera avec vous »* (2 Cor 13, 11). Ailleurs, il insiste encore sur le fait que les chrétiens devraient s'efforcer d'être en paix même en dehors de leurs propres communautés : *« Si possible, autant que cela dépende de vous, vivez paisiblement avec tous »* (Rm 12, 18).

En tant que chrétiens, nous sommes appelés à croire que la paix véritable est possible, à travers le pouvoir du Christ. *« Mais maintenant, en Jésus Christ, vous qui étiez loin, vous êtes devenus proches par le sang du Christ. C'est lui, le Christ, qui est notre paix : des deux, Israël et les païens, il a fait un seul peuple ; par sa chair crucifiée, il a fait tomber ce qui les séparait, le mur de la haine »* (Ep 2, 13-14).
Vraiment, le Christ est notre paix. Les anges en ont témoigné au moment de sa naissance, avec le cantique céleste que nous répétons jusqu'à ce jour à la messe : *« Gloire à Dieu au plus haut des cieux, et paix sur la terre aux hommes qu'il aime »* (Lc 2, 14). Jésus prêcha la paix (Ep 2, 17) et nous a donné la paix par le don de l'Esprit. Il a pardonné aux pécheurs, comme il nous pardonne aujourd'hui, avec ces mots : *« Va en paix »* (Lc 7, 50).

Nos deux François ont reconnu la place centrale de la paix dans la foi chrétienne. Comme nous le verrons, ils se présentent en témoins de la puissance de la paix du Christ dans leurs cœurs, et ils ont travaillé, chacun à sa manière, à promouvoir la paix parmi les peuples.

**Saint François d'Assise et la paix du cœur.**

Même face à la pauvreté, l'humiliation, la maladie, l'emprisonnement et le rejet, saint François d'Assise était toujours dans la paix. Il avait laissé derrière lui les consolations, le bien-être du monde et en retour il reçut la consolation spirituelle de servir son divin Maître. C'était tout ce qu'il voulait. Il avait la paix intérieure que seul le Christ peut donner. Il clamait combien nous sommes bénis de connaître le Christ. *« Oh ! Comme il est saint et comme il est cher, bien plaisant, humble, pacifique, doux et aimable et par-dessus tout désirable d'avoir un tel frère et fils, qui posa son âme pour ses brebis et qui pria le Père pour nous en disant : Père saint, garde en ton nom ceux que tu m'as donnés* (Jn 17, 11)[108]. »

Saint François connut la paix du cœur parce qu'il était docile à l'Esprit du Christ. Dans sa Première Règle il exprima sa conviction que ceux qui ont l'Esprit de Notre-Seigneur « s'appliquent à l'humilité et à la patience, et à la pure simplicité et la vraie paix de l'esprit[109] ». Cette sorte de paix n'est pas furtive ou superficielle, mais elle persiste à travers les joies et les peines, les victoires et les épreuves. Les circonstances les plus perturbantes ne peuvent troubler ce profond calme spirituel.

Jeune homme, François devint prisonnier de guerre au cours d'une bataille entre Assise et la ville avoisinante de Pérouse. Durant presque une année, tandis qu'il attendait la

---

[108] Lettre à tous les fidèles (version longue), 56.

[109] Cf. Première Règle, 17, 15.

rançon de son père pour sa libération, il vécut le début de sa conversion au Christ. Alors que son amour pour Notre-Seigneur grandissait, il reçut la grâce de la paix.
Dans la crasse de la misérable cellule, les autres prisonniers s'enfonçaient dans la peine et la misère. Mais François n'était pas abattu, découragé. Au contraire, c'est lui qui consolait ses compagnons d'infortune. Comme il le dit à ses compagnons de cellule lorsqu'ils le questionnaient sur sa joie : « Je me réjouis parce qu'un jour je serai vénéré comme un saint dans le monde entier[110]. »

Le moment où cette paix s'est révélée de la manière la plus évidente est la manière dont François assuma les souffrances physiques de ses dernières années. Parmi ces souffrances, il y eut les plaies des stigmates, saignantes et douloureuses, qu'il s'efforça cependant de garder soigneusement cachées. Peu de temps après avoir reçu ces plaies du Christ, il commença à perdre la vue.

Pendant cette période de grande faiblesse, en 1225, François se retira dans une cabane, dans l'enceinte du monastère de Saint-Damien. Là, il composa *Le Cantique de frère soleil*. Non seulement ce cantique est un témoignage de la paix intérieure de François, mais il s'adresse aussi spécifiquement à ceux qui restent dans la paix au milieu des difficultés. À la version originale de ce poème magnifique, François ajouta plus tard cette strophe :

> Loué sois-tu, mon Seigneur,
> par ceux qui pardonnent par amour pour toi ;
> qui supportent épreuves et maladies :

[110] 2 Celano 4

heureux s'ils conservent la paix,
car par toi, le Très-Haut, ils seront couronnés[111].

Peu de temps après avoir écrit ce *Cantique*, Élie, le ministre général, ordonna à François de subir une intervention médicale pour ses yeux. Voici ce qu'en dit son biographe :

> Quand son ophtalmie l'obligea finalement à se laisser soigner, on fit venir un chirurgien. Celui-ci arriva muni d'un cautère qu'il fit mettre à rougir au feu. Le bienheureux Père, pour redonner courage à son corps d'avance tout secoué d'effroi, interpella le feu : « Mon frère le feu, le Très-Haut t'a conféré une splendeur que t'envient toutes les créatures ; il t'a fait utile, fort et beau ; montre-toi aussi maintenant bon et courtois envers moi, car je t'ai jusqu'ici aimé dans le Seigneur. Je prie le Seigneur magnifique, le Dieu qui te créa, de tempérer pour moi ton ardeur afin que j'aie la force de supporter ta caresse brûlante[112].

Dans ses *Admonitions,* François parle de la paix au milieu des épreuves avec l'autorité de celui qui sait. Il écrit : *« Heureux les pacifiques car ils seront appelés fils de Dieu.* Sont vraiment pacifiques ceux qui, en tout ce qu'ils ont à souffrir en ce monde pour l'amour de Notre-Seigneur Jésus-Christ, gardent la paix de l'âme et du corps[113]. » François avait fait l'expérience d'une paix profonde, qui perdure

[111] Cantique 11-12

[112] 2 Celano 165

[113] Admonition 15

malgré les épreuves, une paix enracinée dans la certitude d'être habité par l'Esprit du Christ.

Le pape François, pendant sa visite à Assise le 4 octobre 2013, parla ainsi de la paix profonde qui habitait saint François : « Beaucoup associent saint François à la paix, et c'est juste, mais peu vont en profondeur. Quelle est la paix que François a accueillie et vécue et qu'il nous transmet ? Celle du Christ, passée par le plus grand amour, celui de la Croix. »

Saint François avait aussi compris que la paix intérieure est le point de départ incontournable pour arriver à la paix commune. Si ses enseignements et ceux des frères devaient avoir la moindre chance de succès, ils devaient commencer par trouver leur propre paix et harmonie en eux-mêmes. Et ainsi, il enseignait à son petit groupe de frères : « Comme vous prêchez la paix en parole, ainsi devriez-vous posséder la paix, et en surabondance, dans vos cœurs. Ne vous mettez en colère contre quiconque, ni ne vexez personne : mais par votre douceur, exhortez les autres à être pacifiques, doux et miséricordieux[114].»

Non seulement François et les frères prêchaient la paix et la vivaient, mais ils la souhaitaient aussi pratiquement à chaque personne qu'ils rencontraient. François sentait au fond de lui que le Seigneur l'avait instruit à annoncer la paix de la manière qui était courante parmi les premiers chrétiens. En effet, les épitres du Nouveau Testament annoncent et

---

[114] Hilarin Felder, *L'Idéal de saint François d'Assise*, Gembloux, Duculot, 1924 ; Cf. Deuxième Règle, 3, 10-13.

transmettent la paix qui nous vient du Christ. Dans cette Italie du XIIIe siècle, François veillait à ce que, pour ceux qui allaient par les routes, rencontrer un Frère mineur fut l'occasion de s'entendre dire : « Que le Seigneur te donne sa paix ! » Il demandait à chaque frère de saluer ainsi[115].

Ceux qui ont eu la chance d'accueillir l'un de ces serviteurs du Christ chez eux recevaient ces paroles : « Paix à cette maison ! » (cf. Lc 10, 5). Cela aussi, François l'exigeait. Et ceux qui avaient reçu la grâce d'écouter cet homme de paix, l'entendaient commencer ainsi : « Que la Paix du Seigneur soit avec vous[116] !»

Ces salutations répétées surprenaient parfois, ou provoquaient des moqueries, voire de l'indignation. Quand un frère devenait un tant soit peu intimidé par ces réactions défavorables, il demandait à François s'il pouvait utiliser une autre salutation. « Laisse-les dire, car ils ne perçoivent pas les choses qui sont de Dieu. Mais n'en éprouve pas de honte, car je te dis, frère, qu'un jour, des nobles et des princes de ce monde manifesteront de la révérence à toi et aux autres frères pour cette sorte de salutation[117]. »

François faisait ce qu'il pouvait pour être un témoin de paix, pour prêcher la paix, et pour souhaiter la paix aux autres. Mais encore plus que tout cela, il priait aussi pour la paix, confiant en la promesse que Jésus avait faite à ses disciples. Ainsi, il bénit Frère Léon avec ces anciennes

[115] Testament 23

[116] Felder, p. 284.

[117] Compilation d'Assise, 101.

paroles que beaucoup de chrétiens utilisent encore quand ils prient l'un pour l'autre aujourd'hui : « Que le Seigneur te bénisse et te garde ; qu'il te montre sa face et soit miséricordieux pour toi. Qu'il tourne vers toi son Visage et te donne la paix ! Que le Seigneur, te bénisse, toi, frère Léon[118]! »

**Le pape François et la paix du cœur.**

Quand le Saint-Père François apparut pour la première fois aux yeux du monde sur le balcon surplombant la place Saint-Pierre, la plupart d'entre nous n'avaient jamais entendu parler de lui auparavant. Qui était cet homme qui se tenait devant nous, notre nouveau chef, si modeste, si calme, sans prétention ? Sans plus de mouvement qu'un frêle, presque timide, geste de la main, il regarda silencieusement la foule dehors.

La foule, tout d'abord désorientée, fit progressivement entendre des acclamations éperdues, et des vivats : « Vive le pape ! ». Le pape François tout étonné regardait, en restant calme, apparaissant tout humble, sans prétention, c'était presque étrange. Y avait-il un problème ? Ne devrait-il pas faire quelque chose ? Ne savait-il pas quoi faire ? Est-ce qu'il n'arrivait pas à trouver quoi dire ? Ou bien était-ce tout simplement un homme en paix ?

118 Bénédiction à faire Léon. Cf : Nb 6, 24-26

Vraiment, même en ce moment important, le pape François montra qu'il n'avait nul besoin du support psychologique du rituel, des conventions ou du discours. C'est un homme qui possède une vraie sérénité. C'est un homme qui se maintient dans la paix du Christ.

Une telle tâche susciterait la crainte chez la plupart d'entre nous, eu égard à l'ampleur de la tâche, à la responsabilité de servir en tant que souverain pontife de l'Église universelle. La pièce dans laquelle un pape nouvellement élu revêt en premier son habit papal est justement appelée « la chambre des pleurs ». Pourtant, dès les premières minutes de sa papauté, le pape François rayonnait d'un calme remarquable. Il dira plus tard que, pendant le déjeuner du 13 mars 2013, avant son élection, il sentit une vague de « profonde et inexplicable paix intérieure et de bien-être » s'installer en lui[119].

Les jours qui suivirent son élection, il rencontra Cristina Fernandez de Kirchner, la présidente d'Argentine, une relation de longue date. Elle rapporta que le pape François était « calme, confiant et en paix, tranquille ». Sans doute cette tranquillité est-elle un reflet de la paix du Christ que le Saint-Père a appelée « le fondement et la source du courage et de la patience apostoliques[120] ». Et, comme il l'avait dit lorsqu'il était encore le cardinal Bergoglio dans une retraite pour des évêques, cette paix « nous donne la capacité de choisir notre état de vie et de faire la volonté de Dieu[121] ».

---

119 Pape François, *L'Église que j'espère.*

120 Bergoglio, *In Him Alone Is Our Hope*, p. 115.

121 Ibid. p. 115.

Dans ce cas, faire la volonté de Dieu signifiait accepter son élection à la papauté.

Le fait que la tâche soit ardue ne doit pas être cause de préoccupation. Comme le cardinal l'avait encore dit au cours de la même retraite, « nous ne parlons pas d'une paix facile, mais plutôt une paix exigeante. La paix n'élimine pas la fragilité ou les déficiences [...]. Ce n'est pas la paix que le monde donne mais la paix de Notre-Seigneur[122] ».

Le pape François insiste sur le fait que la paix du Christ ne se traduit pas l'absence de difficultés :

> Nous ne devons pas confondre la vraie paix avec l'illusion de la paix. Cette dernière est la paix de l'ignorance, la paix de l'innocence feinte qui danse autour des difficultés [...] La vraie paix est issue de la tension entre deux éléments contraires : l'acceptation d'un présent dans lequel nous reconnaissons notre faiblesse en tant que pécheurs, et la volonté de voir au-delà de ce présent comme si nous étions déjà libérés du fardeau de notre péché[123].

Nous pouvons avoir confiance en cette paix, qui est la paix du Christ parce qu'elle s'enracine dans la victoire qu'il a déjà gagnée pour nous par sa Croix et sa Résurrection. La salutation du Christ Ressuscité : *« La Paix soit avec vous »* est le mot d'ordre de la victoire définitive. « Participer à cette paix et la recevoir signifie déjà participer à la paix de la

---

[122] Bergoglio *In Him Alone Is Our Hope*, p. 115.

[123] Ibid. pp. 114–115.

Résurrection », a déclaré le pape François. Il a aussi insisté sur le fait que le Christ désire nous donner sa paix. « Le Seigneur console en se rendant lui-même présent au milieu de nous et en nous montrant ses blessures, blessures dont jaillit la paix qui vainc toutes peurs[124].»

Et ainsi Jorge Bergoglio marche en avant comme un vaillant soldat suivant les ordres du Très-Haut. « Nous nous engageons dans un combat avec vaillance. Nous avançons en "vainqueurs", a affirmé Bergoglio, parce que nous savons que nous pouvons confier toutes nos craintes au Seigneur, puisqu'il veille toujours sur nous, même lorsque le malin rôde autour de nous[125]. »

Pour le chrétien, cette assurance de la protection du Seigneur et de sa victoire ultime est le fondement sur lequel la paix se construit dans son cœur. « Le lieu de cette paix est notre cœur, nous dit le Saint-Père. C'est là que la présence de Jésus nous rassure[126]. »

Afin d'accueillir la présence de Jésus en nous, nous devons nous assurer que nous sommes préparés à la recevoir. Pendant une homélie de carême, le cardinal Bergoglio encouragea ainsi les fidèles : « Revenez à Dieu, laissez-vous réconcilier avec Dieu. Ne fermez pas votre cœur mais écoutez la voix du Seigneur. Ouvrez un espace dans vos

---

[124] Ibid. p. 114.

[125] Ibid. p. 44.

[126] Ibid. p. 115.

cœurs par la prière, la pénitence et l'aumône, afin que Notre-Seigneur vienne à vous[127].»

Chaque fois que nous nous préparerons à accueillir le Seigneur, immanquablement, nous la trouverons. Le pape François nous assure : « Celui qui se prépare à recevoir le Seigneur de tout son cœur pourra connaître et suivre Notre-Seigneur. À l'inverse, les cœurs qui ne sont pas attentifs, qui sont distraits et superficiels, donnant de l'importance à tout sauf à l'essentiel, tuent le désir de Dieu et son mystère[128].»

Et quel est l'essentiel ? Comme toujours, le pape François nous ramène au Christ. Dans son message pour l'Année de la Foi, il expliqua comment nous libérer de nos peurs en accueillant Jésus :

> On passe la porte de la foi, on franchit le seuil quand la Parole de Dieu est communiquée et que le cœur se laisse façonner par cette grâce de transformation – une grâce qui a un nom bien réel : et ce nom est Jésus [...] Jésus est la porte, et il frappe à notre porte afin que nous le laissions franchir le seuil de nos vies. « N'ayez pas peur, ouvrez grand la porte pour le Christ ! » nous lançait le bienheureux Jean-Paul II au commencement de sa papauté. Nous devons ouvrir les portes de nos cœurs.

---

127 Pope Francis, *Encountering Christ: Homilies, Letters, and Addresses of Cardinal Jorge Bergoglio* (New Rochelle, N.Y.: Scepter, 2013), p. 41.

128 Bergoglio, *In Him Alone Is Our Hope*, p. 82.

Lorsque Jésus règne dans nos cœurs, nous pouvons faire l'expérience de la grâce de la paix qu'il a gagnée pour nous.

> Notre Dieu est le Dieu de la Paix. Il désire nous donner sa paix, en nous pacifiant en son Fils [...] L'avènement de cette paix nous a été révélé le soir de Noël, et l'écho de cette annonce retentit jusqu'au dimanche des Rameaux. Il nous a été demandé de la rechercher et de diriger nos pas « sur le chemin de la paix » car nous avons tous été appelés à vivre dans cette paix. Puisse cette paix garder nos cœurs et nos esprits et nous inspirer de chercher la paix avec tous les hommes et toutes les femmes[129].

**Saint François d'Assise, homme de paix**

Saint François d'Assise n'était pas seulement homme de paix, il était un pacificateur parmi les hommes. Il exigeait la paix entre les frères, se laissant guider, pour les diriger, par les enseignements de Jésus. En prenant les Évangiles pour base, François instruisait ainsi les frères :

> Tous les frères doivent bien se garder des calomnies et des disputes en paroles. Bien plus, ils s'efforceront de garder le silence autant que Dieu leur en fera la grâce. Ils ne se disputeront ni entre eux ni avec d'autres, mais ils s'efforceront de répondre avec humilité : *Je suis un serviteur inutile*. Et qu'ils ne se mettent pas en colère car *tout homme qui se met en colère contre son frère*

[129] Bergoglio, *In Him Alone Is Our Hope*, p.116.

> *mérite de comparaître devant le juge ; celui qui dit à son frère : « imbécile ! », mérite d'être jugé par le tribunal ; celui qui le traite de « fou » mérite d'être jeté dans le feu de l'enfer.* Mais ils s'aimeront mutuellement selon ce que dit le Seigneur : *Ceci est mon commandement, Aimez-vous les uns les autres comme je vous ai aimés.* Ils montreront par leurs actes l'amour qu'ils ont les uns pour les autres[130] ».

Mais ses contributions à l'harmonie entre les êtres s'étendaient bien au-delà des membres de son Ordre. Les villes et villages ayant bénéficié des talents de pacificateur de François et ses frères ont fait l'objet de nombreux récits.

Par exemple, la ville d'Assise était prise dans une terrible tourmente en cette année 1209 où les *maiores* et les *minores* se livraient bataille sur la question des droits des *minores*. À leur retour de Rome, François et son groupe de frères s'installèrent à proximité et furent mis au courant de la querelle. Alors, chaque samedi soir, François se rendait à pied à Assise, passait la nuit dans un abri et le dimanche matin, il prêchait la paix, le pardon, et la réconciliation en la cathédrale Saint-Rufin. Le sujet était judicieusement choisi compte tenu des troubles civiques.

Est-ce la conséquence des efforts de François ? Toujours est-il que le 9 novembre 1210, les nobles et les citoyens d'Assise signèrent un pacte de paix. Les seigneurs féodaux accordèrent l'égalité de droits à leurs sujets.

---

[130] Première Règle 11, 1-7.

François intervint aussi à Bologne, théâtre d'une longue querelle entre les nobles. François y arriva le jour de la fête de l'Assomption, en 1222. Devant presque tous les habitants de la ville, sur la place publique, il parla de baisser les armes et de passer des accords de paix ; seuls les ennemis les plus déterminés pouvaient rester enfermés dans leur hostilité face à la sainteté d'un homme tel que François. Contre toute attente, les familles qui se querellaient mirent leurs différences de côté.

Une autre fois, François usa d'une méthode novatrice pour procurer la paix. Arrivant dans la ville d'Arezzo, il vit les riches et les pauvres se prendre à la gorge. La destruction totale de la ville semblait inévitable. Le chaos était si grand que François décida de loger en dehors de la ville.

Là, François eut la vision de démons se réjouissant de l'hostilité et soulevant les citoyens les uns contre les autres. Alors il dépêcha frère Sylvestre avec cet ordre : « Va devant la porte de la ville, et de la part de Dieu Tout-Puissant, commande aux démons de quitter la ville aussi vite qu'ils le peuvent. »
Courageusement, Sylvestre suivit cette instruction. Peu de temps après, la ville retrouva la paix et la tranquillité, les pauvres conservant leurs droits civiques[131].

Dans sa ville natale d'Assise, François eut une autre occasion de défendre la paix. De retour d'un de ses voyages, il apprit que le podestat et l'évêque étaient en conflit. L'évêque excommunia le magistrat, qui à son tour déclara

---

[131] Legenda Major VI, 9

qu'il était illégal pour quiconque d'être en contact, avec l'évêque. Attristé en apprenant l'impasse dans laquelle se trouvaient l'évêque et le podestat, François dit à ses frères : « C'est une grande honte pour vous, serviteurs de Dieu, que l'évêque et le podestat se haïssent ainsi l'un l'autre et que personne ne s'entremette pour rétablir entre eux la paix et la concorde[132]. »

C'est alors qu'il composa une strophe supplémentaire sur la paix pour son *Cantique de frère soleil.* Et il envoya des frères la chanter devant l'évêque et le podestat réunis :

> Loué sois-tu, mon Seigneur
> pour ceux qui pardonnent par amour pour toi ;
> pour ceux qui supportent épreuves et maladies :
> Heureux s'ils conservent la paix
> car par toi, Très-Haut, ils seront couronnés !

Sa stratégie fonctionna. Le magistrat pardonna à l'évêque, ainsi qu'il le dit « par amour pour Notre-Seigneur Jésus-Christ et pour son serviteur François », et l'évêque implora le pardon pour avoir été enclin à la colère[133].

Une autre tentative audacieuse en faveur de la paix mérite d'être aussi mentionnée, bien qu'elle ne remportât pas le succès auquel François était accoutumé. Au cours de l'année 1219, pendant la cinquième croisade, François entreprit un voyage en Égypte et y traversa les lignes ennemies pour rencontrer le sultan musulman d'Égypte, Malik al-Kamil. François avait le dessein de parler de Jésus au sultan et de le

---

[132] Compilation d'Assise, 84.
[133] Légende de Pérouse 44

convertir à l'Évangile par la prédiction et le témoignage et non par l'épée. Le sultan, à la différence des hommes de son camp qui avaient insulté et frappé François auparavant, accueillit le saint chrétien et l'écouta respectueusement. Le sultan ne se convertit pas et la croisade continua, mais François donna un témoignage puissant de sa foi par la pratique inédite du dialogue interreligieux. À son retour chez lui, il exprima son désir que les frères vivent en paix avec les musulmans.

Dans la Règle écrite plus tard pour les membres laïcs du Tiers-Ordre, on pouvait lire :

> Les frères ne doivent pas recevoir d'armes pour s'en servir contre qui que ce soit ni les porter sur eux. Que tous s'abstiennent de prêter serment solennellement, excepté dans ces circonstances décrétées par le pape ; à savoir, là où la paix, la foi, ou un serment juridique sont en jeu […][134].
>
> Si les frères et sœurs sont inquiétés pour des raisons contraires à leur droit et privilège ou par les souverains des lieux où ils demeurent, laissez leurs propres préfets ensemble avec le seigneur évêque recourir aux mesures qui leur sembleront dignes[135].

Les franciscains obtenaient ainsi une clause d'objection de conscience. Au nom de l'Évangile, ils refusaient de porter les armes.

---

[134] Honorius III, bulle *Memoriale propositi*, 1221, 16-18.
[135] Nicolas IV, bulle *Supra montem*, 1289, chap. 11.

**Le pape François, homme de paix**

De 1976 à 1983, l'Argentine fut gouvernée par une dictature militaire qui oppressait impitoyablement l'opposition. Des milliers et des milliers de politiciens, d'enseignants, d'étudiants, d'écrivains, de syndicalistes, et même des femmes enceintes (dont les bébés étaient volés et donnés à des familles de militaires sans enfant) furent emprisonnés, tués, torturés, ou « disparaissaient » tout simplement. C'est au milieu de toutes ces horreurs que Jorge Bergoglio travaillait à encourager la paix.

Pendant la majeure partie de cette période, frère Jorge servit l'Église en tant que provincial de la Compagnie de Jésus (les Jésuites) en Argentine. Il dût maintenir un équilibre délicat entre garder ses prêtres en sécurité et répondre aux besoins des laïcs opprimés par le gouvernement. Parmi ses prêtres, certains voulaient se battre. Fère Jorge, bien que comprenant ce qu'ils ressentaient, restait catégorique dans son enseignement : un prêtre ne devait pas succomber à de telles tentations.

> Le Christ, sans équivoque, rejette le recours à la violence. La perspective de sa mission est beaucoup plus profonde. Elle consiste à sauver par l'amour qui transforme, pacifie, pardonne, réconcilie. Sans aucun doute, tout cela exige beaucoup du chrétien dans son attitude s'il souhaite vraiment servir son frère le plus démuni, le pauvre, le nécessiteux, l'exclu ; en un mot,

> tous ceux qui dans leur vie reflètent la face souffrante du Seigneur[136].

Ainsi que le porte-parole du Vatican, frère Federico Lombardi l'a dit du Saint Père : « Il a toujours rejeté la violence, affirmant que son prix est toujours payé par les plus faibles[137].»

Bergoglio n'était nullement timoré dans ses appels publics à la paix. À une messe de Te Deum en Argentine, il défia hardiment la tendance à être « prompt à l'intolérance » en avertissant : « Copier la haine et la violence du tyran et du meurtrier est le meilleur moyen d'en hériter[138].»

Aujourd'hui, sa voix appelant à la paix résonne bien au-delà des frontières de l'Argentine. Et malheureusement, dans les premiers mois de son pontificat, le Saint-Père a eu l'ample opportunité de se faire entendre sur ce sujet. Avec le déclenchement de la guerre civile en Syrie et l'usage d'armes chimiques qui s'en est suivi, le pape François s'est trouvé confronté encore une fois à une situation dramatique, violente. Au cours de l'Angélus du 1^er^ septembre 2013, le pape lança un appel passionné et éloquent en faveur de la paix, en évoquant particulièrement le conflit en Syrie :

> Chers frères et sœurs, je voudrais me faire aujourd'hui l'interprète du cri qui monte de toutes les parties de la terre, de tous les peuples, du cœur de chacun, de

---

[136] Bunson, p. 136.

[137] Bunson, p. 135.

[138] Ambrogetti et Rubin, p. 26

> l'unique grande famille qu'est l'humanité, avec une angoisse croissante : c'est le cri de la paix ! Et le cri qui dit avec force : nous voulons un monde de paix, nous voulons être des hommes et des femmes de paix, nous voulons que dans notre société déchirée par les divisions et les conflits, explose la paix ; plus jamais la guerre ! Plus jamais la guerre ! La paix est un don éminemment précieux, qui doit être promu et préservé [...]. De toutes mes forces, je demande aux parties en conflit d'écouter la voix de leur conscience, de ne pas s'enfermer dans leurs propres intérêts, mais de regarder l'autre comme un frère et d'entreprendre courageusement et résolument le chemin de la rencontre et de la négociation, en dépassant les oppositions aveugles. Avec la même fermeté, j'exhorte aussi la Communauté internationale à fournir tout effort pour promouvoir, sans délai ultérieur, des initiatives claires fondées sur le dialogue et la négociation pour la paix dans cette Nation, pour le bien de tout le peuple syrien[139].

Puis il proposa une initiative totalement nouvelle :

> Voilà pourquoi, frères et sœurs, j'ai décidé d'organiser pour toute l'Église, le 7 septembre prochain, veille de la célébration de la Nativité de Marie, Reine de la Paix, une journée de jeûne et de prière pour la paix en Syrie, au Moyen-Orient, et dans le monde entier, et j'invite aussi à s'unir à cette initiative, par la manière qu'ils

[139] Pape François. Angélus du 1er septembre 2013.

> retiendront la plus opportune, les frères chrétiens non catholiques, les adeptes des autres religions, ainsi que les hommes de bonne volonté.
> Le 7 septembre, sur la place Saint-Pierre – ici – de 19h00 à 24h00, nous nous réunirons en prière et dans un esprit de pénitence pour invoquer de Dieu ce grand don pour la bien-aimée nation syrienne et pour toutes les situations de conflit et de violence dans le monde. L'humanité a besoin de voir des gestes de paix et d'entendre des paroles d'espérance et de paix ! Je demande à toutes les Églises particulières, outre le fait de vivre cette journée de jeûne, d'organiser des actions liturgiques à cette intention.

Faire de la place Saint-Pierre le lieu d'une vigile pour la paix était un fait sans précédent pour le Vatican. Et il fut marqué d'un grand succès. Cent mille personnes répondirent à l'invitation du pape et se rassemblèrent pour prier. Elles ont pu entendre les exhortations passionnées du Saint-Père pour la paix.

> Ce soir, je demande au Seigneur que nous, chrétiens, et nos frères et sœurs d'autres religions et chaque homme et chaque femme de bonne volonté, crient avec force : La violence et la guerre ne sont jamais la voie vers la paix ! Puisse le bruit des armes cesser ! La guerre marque toujours l'échec de la paix, c'est toujours une défaite pour l'humanité.

Pour marquer leur solidarité avec la foule rassemblée à Rome, les évêques du monde entier appelèrent à jeûner et à prier. En Argentine, une foule se rassembla sur la Plaza de

Mayo à Buenos Aires et dans d'autres villes aussi. Entre autres pays, différentes régions de l'Italie et Cuba ont aussi participé à cet effort pour la paix.

Ces ondes de paix se propagèrent au-delà des cercles chrétiens. Même le grand mufti de Syrie – le chef spirituel de l'iIslam sunnite – remercia le pape François et encouragea les musulmans à participer au jeûne. « Ceci est déjà un succès, dit un hindouiste nommé Anata qui participait à l'événement à Saint-Pierre de Rome, le fait que nous soyons tous là ensemble hindouistes, chrétiens, bouddhistes, athées[140]. »

Entretenir une telle unité parmi des peuples de diverses religions est une autre composante des efforts de paix du pape François. Il a particulièrement tendu la main aux juifs et aux musulmans à plusieurs reprises. Il a collaboré au congrès mondial du judaïsme, par exemple, pour établir Tzedakah, une organisation catholique-juive dont le but est d'aider les pauvres. Le pape et son ami le rabbin Abraham Skorka ont publié en commun un livre reprenant leurs conversations sur Dieu, sur la religion, la politique, l'holocauste, l'avortement, la pauvreté, l'argent, la science, le mariage homosexuel, le dialogue interreligieux, et d'autres sujets. Dans ce livre, le Saint-Père met l'accent sur l'importance du dialogue et du paysage intérieur qui lui donne naissance :

> Le dialogue naît d'une attitude respectueuse d'une personne envers une autre à partir de la conviction que l'autre personne a quelque chose de bien à dire. Cela suppose que nous puissions faire une place dans nos

[140] Women of Grace, "Thousands fill St. Peter's Square for Prayer Vigil," *WOGBlog,* 11 septembre 2013.

> cœurs pour leur point de vue, leur opinion et leurs propositions. Le dialogue implique une réception chaleureuse et non une condamnation préventive. Pour dialoguer, l'un doit savoir abaisser ses défenses, et ouvrir la porte de la maison de l'autre pour offrir de la chaleur[141].

Il a aussi évoqué les attitudes intérieures et défauts qui font obstacle au dialogue, tels que « la domination, ne pas savoir écouter, l'inconsistance de notre discours, l'énervement dans notre intervention, les jugements préconçus ».

> Il y a beaucoup de barrières dans la vie de tous les jours qui entravent le dialogue : la désinformation, les commérages, les préjugés, la diffamation et la calomnie. Toutes ces réalités engendrent un certain sensationnalisme culturel qui noie toute possibilité d'ouverture aux autres. Et le dialogue et la rencontre échouent.

Le pape François pratique ce qu'il prêche. En Argentine, il entreprit un effort sur dix années pour encourager un dialogue positif entre musulmans et chrétiens. Son travail en ce sens fut considéré comme « significatif dans l'histoire des relations monothéistes en Argentine [142]» par le secrétaire général du centre islamique de la république d'Argentine, Dr Sumer Noufouri. Mais pour la coopération interreligieuse, plus que des mots, le pape François a posé des actes : alors

---

[141] Bergoglio et Skorka. p.14-15.

[142] Craughwell, *The pope of the end of the earth* . New-York 2013. p. 138.

qu'il était l'évêque Bergoglio, plusieurs fois il fit ouvrir la cathédrale métropolitaine de Buenos Aires pour des offices de prières interreligieuses. En novembre 2012, il invita les responsables de différentes confessions religieuses à la cathédrale pour prier pour la paix au Moyen-Orient.

Le pape François continue de prier régulièrement pour le Moyen-Orient et pour le monde entier. En fait, il se fait fort de confier toutes les nations au Cœur de Marie, qu'il invoque en tant que Reine de la Paix. Le pape François croit vraiment que la Sainte Vierge Marie désire intercéder pour tous les peuples afin de promouvoir la cause de la paix. Ainsi, sur les traces du pape Jean Paul II, le Saint-Père a consacré le monde entier au Saint Cœur Immaculé de Marie, le 13 octobre 2013.

## Pistes de réflexion et d'action

- Catéchisme de l'Église catholique, 2305 : « La paix sur terre est l'image et le fruit de la paix du Christ, le « Prince de la Paix » messianique (Is 9,5). Par le sang de sa Croix, il a tué la haine dans sa propre chair. Il réconcilia les hommes avec Dieu et fit de son Église le sacrement de l'unité du genre humain et de son union avec Dieu. « Il est notre paix » (Ep 2, 14). Il déclare « bienheureux les artisans de paix » (Mt 5, 9).

**Je réfléchis :** Quand, si cela m'est déjà arrivé, ai-je fait l'expérience de « la paix du Christ » dans ma vie ? Où en suis-je par rapport à ma « réconciliation » avec Dieu ? Avec les autres ? Avec moi-même ? Suis-je un artisan de paix ?

- Saint François ne se laissait pas troubler par ses difficultés. Son emprisonnement ou ses problèmes de santé ne le troublaient pas. Pourquoi ? Parce qu'il était ouvert à l'Esprit du Seigneur qui procure ce qu'il appelait « la vraie paix de l'esprit ».

**Je réfléchis :** Quelle est ma réaction dans les épreuves et les difficultés ? Est-ce que je m'angoisse ou m'impatiente dans ce genre de situations ? Comment puis-je m'ouvrir à l'Esprit-Saint dans ces moments ? Quelle résolution spirituelle puis-je prendre pour demeurer dans la paix ?

- Le pape François, alors *qu'il reste inébranlable sur sa propre identité catholique*, apprécie néanmoins de rencontrer des personnes d'autres confessions. Au lieu d'appréhender de telles situations avec une attitude défensive, le Saint-Père les aborde en estimant que « l'autre personne a quelque chose de bien à dire ». Cela prévient tout conflit et ouvre la voie à un dialogue pacifique et fructueux.

**Je réfléchis :** Quelles sont mes opinions à propos des personnes de confessions différentes de la mienne ? Est-ce que je m'ouvre à leurs points de vue, leurs perspectives et leurs propositions ? Comment est-ce que j'établis la paix dans mes relations avec ceux dont je ne partage pas l'opinion ?

# 5

# LA JOIE

*Que les frères aient bien soin de ne pas affecter un air sombre, une tristesse hypocrite; mais qu'ils se montrent joyeux dans le Seigneur, gais, aimables, et gracieux comme il convient*[143].
**Saint François**

*La rencontre avec Jésus vivant remplit le cœur de joie, parce qu'elle le remplit de la vraie vie, d'une bonté profonde qui ne passe pas ni ne s'abîme.*
**Pape François**

Saint François s'appelait lui-même « le jongleur de Dieu » quand il chantait les louanges à Dieu. Et le pape François, le soir de son élection, lança avec humour à ses frères cardinaux : « Que Dieu vous pardonne » !

On ne peut s'empêcher de remarquer une sorte de joie contagieuse qui donne du bonheur aux autres. Ces hommes ont brisé le stéréotype de la piété rigide, sévère, et calcifiée. Ils émettent quelque chose de complètement différent : la joie du Christ.

---

143 1ère Règle 7, 16, Cf. 2 Celano 128

Jésus était attirant, au sens littéral du terme. Les gens voulaient le voir, l'entendre et le suivre. Saint François eut un effet similaire sur ceux qu'il approchait, et si les trois millions de personnes qui se rassemblèrent pour les Journées Mondiales de la Jeunesse à Rio de Janeiro peuvent en être une indication, alors on peut dire que le pape François aussi attire. Certes, la sagesse et la foi de ces hommes intriguent, mais leur esprit de joie attire peut-être davantage encore.

Bien sûr, les chrétiens sont censés être joyeux, et du coup attirants. Nous l'avons vu, l'un des fruits de l'Esprit-Saint est la joie. Saint Paul priait pour les croyants : *« Que le Dieu de l'espérance vous remplisse, vous qui croyez, de joie et de paix parfaites, afin que vous débordiez d'espérance par la puissance de l'Esprit-Saint »* (Rm 15, 13).

La joie et la paix vont bien ensemble. Bien que la paix ne garantisse pas la joie, la joie ne peut subsister sans la paix.
Les chrétiens ont accès aux deux. À la « naissance » même de la foi, la nuit de la Nativité de Notre-Seigneur, l'ange n'annonce pas seulement la paix aux hommes sur la terre mais aussi la joie : *« Je vous apporte une bonne nouvelle, une grande joie qui viendra pour tous les hommes »* (Luc 2, 10). *« Le Royaume de Dieu est justice, paix et joie dans l'Esprit-Saint »* (Rm 14, 17).

La bonne nouvelle de l'Évangile, la cause de la joie des chrétiens, est que ce Royaume de Dieu « est tout proche » (Mc 1, 15). Jésus est envoyé pour « prêcher la bonne nouvelle du Royaume de Dieu » (Lc 4, 3). *« Le Royaume de Dieu est au milieu de vous »*, nous dit-il (Lc 17, 21). Par notre baptême nous participons à cette vie nouvelle, et c'est vraiment une raison de nous réjouir !

Mais le Royaume de Jésus ne fonctionne pas comme un royaume terrestre ; son Royaume *« n'est pas de ce monde »* (Jn 18, 36). Ainsi, s'opposant aux richesses et au pouvoir des puissants, Jésus parle de pauvreté et de persécution : *« Heureux les pauvres, le Royaume des Cieux est à eux »* (Lc 6, 20), et *« Heureux ceux qui sont persécutés pour la Justice, car le Royaume des Cieux est à eux »* (Mt 5, 10). Quelle étrange joie ! Et pourtant cette joie au cœur même de la souffrance fait partie de ce que le Christ a gagné pour nous sur la Croix. Comme il est dit dans la Lettre aux Hébreux : *« Renonçant à la joie qui lui était proposée, il a enduré, sans avoir de honte, l'humiliation de la croix, et, assis à la droite de Dieu, il règne avec lui »* (He 12, 2).

L'une des plus grandes grâces de la foi chrétienne est la capacité à unir nos inévitables souffrances à celles du Christ et ainsi à partager sa gloire. Il dit à ses disciples : *« Amen, amen, je vous le dis : vous allez pleurer et vous lamenter, tandis que le monde se réjouira. Vous serez dans la peine, mais votre peine se changera en joie. La femme qui enfante est dans la peine parce que son heure est arrivée. Mais, quand l'enfant est né, elle ne se souvient plus de son angoisse, dans la joie qu'elle éprouve du fait qu'un être humain est né dans le monde. Vous aussi, maintenant, vous êtes dans la peine, mais je vous reverrai, et votre cœur se réjouira ; et votre joie, personne ne vous l'enlèvera* » (Jn 16, 20-22).

Les chrétiens croient que par le Christ nous pouvons trouver la joie dans les croix que nous devons porter dans notre vie. Non seulement nous sommes capables de les porter, mais nous pouvons nous réjouir en elles ! Jésus nous l'a enseigné : *« Heureux êtes-vous quand les hommes vous haïssent et vous repoussent, quand ils insultent et rejettent votre nom comme méprisable, à cause du Fils de l'Homme. Ce jour-là, soyez heureux et sautez de joie, car votre récompense est grande dans le ciel : c'est ainsi que leurs pères traitaient les prophètes »* (Lc 6, 22-23).
Saint François avait pour habitude de sauter de joie aux moments les plus inattendus et le pape François parle librement de la réalité de la joie même dans la Croix. En cela, ils ressemblent aux premiers chrétiens. Les Épîtres du Nouveau Testament font sans cesse référence au fait d'être joyeux pendant les persécutions :

> Soyez toujours dans la joie du Seigneur ; laissez-moi vous le redire : soyez dans la joie. Que votre sérénité soit connue de tous les hommes. Le Seigneur est proche. Ne soyez inquiets de rien, mais, en toute circonstance, dans l'action de grâce, priez et suppliez pour faire connaître à Dieu vos demandes. Et la paix de Dieu, qui dépasse tout ce qu'on peut imaginer, gardera votre cœur et votre intelligence dans le Christ Jésus.
> (Ph 4, 4-7)

> Soyez toujours dans la joie, priez sans relâche, rendez grâce en toute circonstance : c'est ce que Dieu attend de vous dans le Christ Jésus (1 Thess 5, 16-18).

> Mes frères, quand vous butez sur toute sorte d'épreuves, pensez que c'est une grande joie (Jc 1, 2).
>
> Mes bien-aimés, ne vous laissez pas dérouter : vous êtes mis à l'épreuve par les événements qui ont éclaté chez vous comme un incendie ; ce n'est pas quelque chose de déroutant qui vous arrive. Mais, puisque vous communiez aux souffrances du Christ, réjouissez-vous, afin d'être dans la joie et l'allégresse quand sa gloire se révélera (1 P 4, 12).

L'Église naissante ne se contentait pas de parler de joie dans les épreuves ; elle en faisait l'expérience. Après que des juifs importants et influents aient jeté dehors Paul et Barnabas, *« les disciples étaient remplis de joie dans l'Esprit-Saint »* (Ac 13, 52). Quand les chrétiens en Macédoine durent faire face à des difficultés, *« leur joie débordait »* (2 Cor 8, 2). Les Thessaloniciens *« accueillirent la Parole au milieu de bien des épreuves avec la joie de l'Esprit Saint »* (1 Thess 1, 6).

Jésus, aussi, *« se réjouissait dans L'Esprit-Saint »* (Luc 10, 21). Et il voulait que nous partagions sa joie : *« Je vous ai dit cela pour que ma joie soit en vous, et que votre joie soit parfaite »* (Jn 15, 11). Par deux fois, Jésus dit : *« Demandez, et vous recevrez : ainsi vous serez comblés de joie »* (Jn 16, 24), et : *« Je dis cela dans le monde afin qu'ils aient ma joie en eux »* (Jn 17, 13).

Cette plénitude de la joie est notre héritage de chrétiens. Et elle n'est pas toujours liée à la souffrance ! La grâce de connaître le Christ, d'être disciples du Roi des Rois, est en soi une grande joie. C'est ce que Jésus nous a enseigné : *« Le Royaume des cieux est comparable à un trésor caché dans un champ ; l'homme qui l'a découvert le cache de nouveau. Dans sa joie, il va vendre tout ce qu'il possède, et il achète ce champ »* (Mt 13, 44).

Saint François d'Assise et le pape François ont tout donné, consacrant leur vie entière pour l'amour du Royaume des Cieux. Et en cela, ils ont trouvé une grande joie.

## Saint François et la Joie de la Croix

« Je vous annonce une grande joie et un miracle sans précédent, écrit le frère Élie quelques jours après la mort de saint François. Peu de temps avant sa mort, notre père et frère nous apparut crucifié ; sur son corps nous avons vu les cinq plaies qui sont réellement les stigmates du Christ[144]. »

Comment quelque chose d'aussi douloureux physiquement que les stigmates du Christ peut être proclamé avec « grande joie » ? Et pourtant, dans l'esprit de leur fondateur, les frères se réjouirent vraiment de cette nouvelle. Les marques de la Passion de Notre-Seigneur imprimées sur les mains et le côté de François confirmaient pour ses disciples qu'il s'était intimement conformé au Christ. Et pour François, souffrir de ces blessures, avec les nombreuses autres affections physiques qu'il endura au cours des dernières années de sa vie, furent cause de joie.

---

144 Encyclique du frère Élie 5

Voici comment les premiers compagnons de François rendent compte de cet évènement :

> Le Seigneur lui-même voulut manifester au monde entier comment François aimait avec ferveur et comment il entretenait dans son cœur le souvenir continuel de la Passion du Christ [...]
> Les séraphiques brûlures du désir l'emportaient vers Dieu et une douceur compatissante le transformait en celui qui, par excès d'amour, a voulu être crucifié. Un matin, au voisinage de la fête de l'Exaltation de la Sainte Croix, deux ans avant sa mort, il était en prière sur le versant du mont Alverne. Un séraphin lui apparut : il avait six ailes et, entre les ailes se tenait l'image d'un très bel homme crucifié, qui avait les mains et les pieds étendus à la manière d'une croix et qui présentait, de toute évidence, les traits du Seigneur Jésus (...)
> Lorsque la vision disparut, elle laissa dans son âme une merveilleuse ardeur d'amour, mais, dans sa chair apparut, plus merveilleuse encore, l'empreinte des plaies de Notre-Seigneur Jésus-Christ. Autant qu'il le put, François les cacha jusqu'à sa mort, refusant de divulguer le secret du Seigneur ; malgré cela, il ne réussit pas à les cacher totalement sans qu'au moins ses compagnons les plus familiers ne réussissent à les apercevoir[145].

Les stigmates, un avantage ? Saigner continuellement de cinq parties du corps pendant deux ans, une cause de louange

[145] Légende des Trois Compagnons 69

et d'action de grâce à Dieu ? Qu'est-ce qui explique cette capacité à trouver de la joie dans la souffrance sous le poids de la Croix ?

La joie de François est à chercher dans son attachement au Christ et à son désir de s'y conformer totalement. Il trouva du réconfort dans une révélation qu'il eut tandis qu'il était près de mourir, confiné dans l'obscurité totale pour protéger ses yeux de toute clarté. « Réjouis-toi », lui dit la voix, « Réjouis-toi comme si tu étais déjà dans mon Royaume »[146].

Cette parole divine confirma ce que François avait écrit des années plus tôt : « Nous devrions être heureux quand nous tombons dans toutes sortes d'épreuves (Jc 1, 2), et lorsque nous souffrons de l'angoisse dans notre âme et dans notre corps, ou d'affliction de toute sorte dans ce monde, pour l'amour de la vie éternelle[147].»

« Réjouissez-vous et soyez heureux », semble nous dire François. Nos souffrances terrestres, qui passeront, peuvent être chemin vers la joie indicible et infinie dans les cieux.

Non seulement la souffrance peut produire de tels fruits merveilleux, mais pour François, il y avait une autre raison de se réjouir dans les épreuves. Il avait la conviction que l'affliction peut être un signe de l'amour de Dieu. Il instruisait ses frères de rendre grâce au milieu des épreuves.

---

[146] 2 Celano 212

[147] Première Règle 17, 8

> Je prie le frère malade de rendre grâces au Créateur pour tout ; et qu'il désire être dans l'état où le Seigneur le veut, bien portant ou malade ; car tous ceux que le Seigneur a prédestinés à la vie éternelle, il les forme par l'aiguillon de la souffrance, de la maladie et par le repentir, ainsi que dit le Seigneur : *Ceux que j'aime, je les reprends et les corrige*[148].

Les frères adhérèrent à ces instructions et les mirent au centre de leur ministère. Dans la *Légende des trois compagnons,* nous découvrons les mauvais traitements que les frères endurèrent dans la cité de Florence :

> Beaucoup les considéraient comme des escrocs ou des bouffons et ne voulaient pas les recevoir dans leurs maisons, de peur que, comme des voleurs, ils n'emportent à la dérobée leur bien. C'est pourquoi, en de multiples lieux, après avoir reçu beaucoup d'injures, ils logeaient sous les porches des églises ou des maisons.
>
> À cette époque, deux d'entre eux, qui se trouvaient à Florence, ne purent trouver un gîte, après avoir mendié à travers la ville. Arrivant à une maison qui possédait un auvent et, sous cet auvent, un four, ils se dirent l'un à l'autre : « Nous allons pouvoir loger ici. » Ils prièrent la maîtresse de maison de les recevoir chez elle. Comme elle refusait, ils lui demandèrent humblement de pouvoir se reposer cette nuit-là à côté du four. Ce qu'elle accorda.
>
> Lorsque le mari revint et qu'il les trouva sous l'auvent, il appela sa femme et lui dit : « Pourquoi as-tu logé ces ribauds sous notre galerie ? » Elle répondit qu'elle n'avait pas voulu

---

148 Première Règle 10, 3

> les recevoir à l'intérieur, mais qu'elle les avait autorisés à dormir dehors, sous l'auvent, où il n'y avait à voler que du bois. Bien que le froid fût vif, l'homme refusa qu'on leur donne quelque couverture, tant il était persuadé que c'étaient des ribauds et des voleurs.
> Cette nuit-là, réchauffés par le seul amour de Dieu et protégés par la couverture de Dame Pauvreté, ils dormirent à côté du four, d'un sommeil assez frugal, jusqu'à l'heure de matines, où ils se rendirent à l'église la plus voisine pour entendre l'office[149].

Les frères supportèrent la faim, la soif, le froid, la nudité, et beaucoup de tribulations, avec fermeté et patience, à l'exemple de saint François. Ils n'étaient pas découragés, abattus, ils n'ont jamais maudit leurs persécuteurs, mais au contraire, ils exultaient au milieu des tribulations, et priaient joyeusement Dieu pour leurs persécuteurs.

Pour François, prendre sa croix était réellement une continuelle source de joie ! Sa vie fut en même temps faite de joyeuse célébration et de pauvreté et de pénitence.

Prenons pour exemple la première fois qu'il a mendié de la nourriture. Il rapporta un bol contenant un assortiment de restes si écœurant que son estomac se souleva à l'idée de les manger. Mais quand, pour l'amour de Dieu, il se força à les manger, les restes lui semblèrent le mets le plus délicieux du monde. En fait « son cœur bondit de joie » et il rendit grâce à Dieu, car il réalisa que, bien que faible et affligé dans son corps, il était capable d'endurer n'importe quoi, fut-ce

---

149 Légende des Trois Compagnons, 38

éprouvant, pour l'amour de Dieu. Il loua et rendit grâce à Dieu qui avait changé l'amertume en douceur.

Saint François était une manifestation tangible du paradoxe de la Croix. La souffrance peut être un chemin vers le salut. La mort ouvre à la vie. La peine conduit à la joie. Sa vie révéla la vérité des promesses paradoxales que le Christ fit dans les béatitudes. Comme saint Paul l'écrit : *« Dieu n'a-t-il pas rendu folie la sagesse du monde ? »* (1 Cor 1, 20). C'est précisément ce que François fit aussi en se libérant des manières du monde avec une telle allégresse surnaturelle.

G.K. Chesterton pensait que François se jouait du monde :

> On ne peut pas effrayer par la menace de la faim quelqu'un qui ne cherche qu'à jeûner, par la menace de la ruine quelqu'un qui vit de mendicité, par la menace d'une volée de coups quelqu'un qui saute de joie à l'idée d'être battu. Et c'est une tiède consolation que de traiter par le mépris quelqu'un dont toute la dignité tient à un avilissement consenti de plein gré et qui lui mettre la corde au cou, c'est risquer de lui mettre une auréole[150] !

Cette dernière image fait penser au célèbre enseignement de François au frère Léon sur « la joie parfaite » :

> Ce jour-là, le bienheureux François était à Sainte-Marie-des-Anges. Il appela frère Léon et lui dit : Frère Léon, écris. Celui-ci répondit : Je suis prêt. – Écris

[150] G.K. Chesterton, *Saint François d'Assise* page 111

quelle est la vraie joie. Si un messager arrive et dit : tous les professeurs de l'université de Paris sont entrés dans l'Ordre, écris que là n'est pas la vraie joie. De même, si tous les prélats d'outre-monts, archevêques, évêques et aussi les rois de France et d'Angleterre le font aussi, écris que là n'est pas la vraie joie. De même, si mes frères sont allés chez les infidèles et les ont tous convertis à la foi ; de même, si Dieu m'accorde une telle grâce que je guéris les malades et fais beaucoup de miracles, je te le dis : en tout cela n'est pas la vraie joie. – Mais quelle est la vraie joie ? – Je rentre de Pérouse et viens ici par une nuit noire, il fait un temps d'hiver boueux et si froid que des morceaux de glace pendent en bas de ma tunique, me fouettent sans cesse les jambes et le sang coule de ces plaies. J'arrive couvert de boue, complètement frigorifié et glacé à la porte, après que j'ai longtemps frappé et appelé, un frère arrive et demande : Qui est-ce ? Je réponds : Frère François. Et il me dit : Va-t'en, ce n'est pas une heure convenable pour circuler, tu n'entreras pas. Et à celui qui insiste, il répondrait à nouveau : Va-t'en, tu es un simplet et un ignare, de toutes manières tu ne viens pas chez nous car nous sommes si nombreux et tels que nous n'avons pas besoin de toi. Moi, je me tiens à nouveau debout devant la porte et je dis : Pour l'amour de Dieu, accueillez-moi cette nuit ; et lui de répondre : Non, je ne le ferai pas. Va à l'hôpital des lépreux et demande là-bas. Je te le dis : Si je garde patience et ne suis pas perturbé, là est la vraie joie, la vraie vertu et le salut de l'âme.

François parle d'expérience. Il a connu une longue traversée du désert. Il s'est senti trahi par les siens. Dépassé par l'évolution de son Ordre et par l'arrivée massive de frères ayant des exigences nouvelles, il ne retrouvait plus la fraîcheur évangélique qui avait été la dynamique profonde des débuts et qui l'animait encore. Il est dépassé par les événements. Il a dû passer la main au frère Pierre, qui meurt prématurément, laissant la place à un organisateur, le frère Élie. Commence alors pour lui une longue traversée du désert, vécue dans la souffrance.

La joie parfaite est donnée après ce chemin de souffrance. Elle est donnée à François en même temps qu'il est marqué par les stigmates. François ne peut entrer dans la joie de Jésus qu'après avoir connu ses souffrances. Et la plus grande des souffrances n'est pas tellement physique. C'est celle de se sentir abandonné. François a tout misé sur la fraternité et il se voit jeté comme un étranger. Jésus sur la croix poussera ce cri terrible, qui rejoint tous nos cris : « Mon Dieu, pourquoi m'as-tu abandonné ? » Saint Jean écrira : « Il est venu chez les siens et les siens ne l'ont pas reçu. »

La joie parfaite est donnée au bout d'un itinéraire pascal. Elle est ce jaillissement de vie que l'on n'attendait plus. Pure grâce. Elle n'est pas le fruit d'un comportement moral héroïque, comme pourrait le laisser supposer la fin du texte : « Je te dis que si je garde patience et ne suis pas ébranlé, qu'en cela est la vraie joie et la vraie vertu et le salut de l'âme. »

## Le pape François et la Joie de la Croix

La souffrance n'est pas étrangère à Jorge Bergoglio. À l'âge de vingt-et-un ans, sa vie ne tenait qu'à un fil à cause d'une grave infection pulmonaire. Comme la fièvre le faisait délirer, il supplia désespérément sa mère : « Dis-moi, qu'est-ce qui m'arrive ? » Mais elle n'avait pas de réponse.

Finalement, on diagnostiqua une pneumonie et trois kystes au poumon ; on dut lui enlever une partie de son poumon. Il endura cette souffrance atroce pendant plusieurs jours. Au milieu de tout cela, ses amis et sa famille essayaient de le rassurer en lui disant que ça passerait et en l'encourageant à penser à son retour à la maison. Mais aucune de ces marques de compassion ne le consolait.

Ce fut ainsi jusqu'au jour où sœur Dolores, qui l'avait préparé à sa première communion, vint le voir ; il ressentit un soulagement ineffable quand elle lui dit : « Tu es en train d'imiter le Christ[151]. »

Cette pensée procura instantanément au jeune Jorge un grand réconfort au milieu de sa souffrance. C'est cette expérience de l'imitation du Christ, même dans sa souffrance, qui l'a aidé à façonner ses enseignements sur la Croix une fois devenu pape.

« La clef, a dit le pape François, est de comprendre la Croix comme semence de résurrection. Essayer de faire face à la douleur produira seulement des effets partiels si ce n'est

---

151 Ambrogetti et Rubin p. 24.

pas fondé sur la transcendance. C'est une grâce de comprendre et de vivre pleinement à travers la douleur[152]. » Il a aussi expliqué :

> La Croix a une signification pour ceux d'entre nous qui croient en la vie éternelle. Pour celui qui ne croit pas en la vie éternelle, mais croit que tout ce qui existe est créé ici et finit ici, et vit comme si cela était vrai, la croix n'a aucun sens [...] Il ne comprend pas non plus que la Croix puisse être la gloire de la rédemption pour nous tous[153].»

Le 14 septembre, fête de la Croix glorieuse, nous célébrons le fait que la souffrance a été « glorifiée » par le Christ. Pour le chrétien, épreuves et tribulations se terminent par la gloire. Cette réalisation nous donne raison de nous réjouir dans notre souffrance. « La vie chrétienne témoigne avec joie comme Jésus le fit » a dit le pape[154].

Le pape François a prêché que dans les temps difficiles, les chrétiens sont pleins de joie et jamais tristes. Comme Paul et Silas qui furent persécutés et emprisonnés pour avoir témoigné de l'Évangile. Ils restaient joyeux, a-t-il dit, parce qu'ils suivaient Jésus sur le chemin de sa passion...
Puis, le pape rappela que tant de martyrs restaient dans la joie comme, par exemple, les martyres de Nagasaki qui s'entraidaient alors « qu'ils étaient dans l'attente de la mort ». Certains d'entre eux « allèrent au martyre » comme s'ils se

---

152 Ambrogetti et Rubin, p. 25.

153 Moynihan, p. 221.

154 Ambrogetti et Rubin, pp. 27–28.

rendaient à une fête de mariage. Cette attitude d'endurance, a-t-il ajouté, est une attitude chrétienne normale, pas une attitude masochiste. C'est une attitude qui les conduit sur la voie de Jésus[155].

En tant que chrétiens, nous récusons la sagesse du monde en trouvant la joie dans la souffrance. Mais bien plus que cela, nous défions totalement la logique du monde en acceptant volontairement la souffrance au moyen du jeûne et de la pénitence. « Vous pouvez jeûner et vous imposer d'autres formes de privations et continuer votre progrès spirituel, sans sacrifier la paix et l'allégresse », nous a avisé le pape François[156].

Bien que nous cherchions à être dans la joie au milieu de la souffrance, le pape nous rappelle, à juste titre, que nous ne sommes pas des masochistes. Nous ne voyons pas la souffrance comme un bien inné. « La souffrance n'est pas une vertu en soi », dit le pape[157]. Il y a des moments où nous devons éviter la souffrance : nous cherchons une assistance médicale, et même saint François d'Assise a cherché à soulager la douleur du frère qui « mourait de faim » . Mais il y a aussi des moments où nous sommes appelés à la persévérance à travers la souffrance.
Il est pourtant possible de donner sens à notre souffrance, de la « choisir », en communion avec les souffrances du Christ et avec tant de personnes en souffrance.

---

[155] Joan Lewis, "Good Christians Don't Constantly Complain, They are Joyful and Patient," *Joan's Rome,* 7 mai 2013

[156] Ambrogetti et Rubin, p. 28.

[157] Ibid. p. 24.

Lorsque Jésus annonça à ses disciples qu'il devrait aller à Jérusalem et souffrir énormément, Pierre essaya de le blâmer en l'interpellant : *« Dieu t'en garde, Seigneur ! cela ne t'arrivera pas. »* (Mt 16, 22) Alors Jésus réprimanda Pierre : *« Passe derrière moi, Satan ! Tu es pour moi une occasion de chute : tes pensées ne sont pas celles de Dieu, mais celles des hommes. »* (Mt 16, 23). Le pape médita sur ce passage dans une homélie qu'il donna aux cardinaux :

> Le même Pierre qui a confessé Jésus-Christ lui dit : Tu es le Christ, le Fils du Dieu vivant. Je te suis, mais ne parlons pas de Croix. Cela n'a rien à voir. Je te suis avec d'autres possibilités, sans la Croix ; Quand nous marchons sans la Croix, quand nous édifions sans la Croix et quand nous confessons un Christ sans Croix, nous ne sommes pas disciples du Seigneur : nous sommes mondains, nous sommes des évêques, des prêtres, des cardinaux, des papes, mais pas des disciples du Seigneur[158].

Le pape François pense que les chrétiens ont la responsabilité fondamentale d'accepter, même d'embrasser, la Croix. Mais trop souvent, nous reculons devant cette obligation. Voici pourquoi il nous interpelle, avec l'Église entière :

> La tentation, pour l'Église, a été et sera toujours la même : éviter la Croix (cf. Mt 16, 22), compromettre la vérité, diminuer le pouvoir rédempteur de la Croix

[158] Pape François. Messe avec les cardinaux électeurs.

> du Christ pour échapper aux persécutions. Oh ! Église tiède, misérable, qui fuit et évite la Croix[159] !

La Croix ne peut être esquivée si nous devons marcher à la suite du Christ. Toutefois, cela ne signifie pas que nous sommes destinés à devenir tristes ou désespérés. La question est de savoir comment nous réagirons face aux inévitables croix dans nos vies. Se réfugier dans l'amertume ne fait qu'aggraver les choses :

> Le ressentiment est amertume [...] Le ressentiment est comme une maison dans laquelle des squatters vivent entassés les uns sur les autres sans voir le ciel, sans issue. Tandis que la souffrance est aussi comme une maison où il y a des gens qui vivent les uns sur les autres, mais ils peuvent quand même voir le ciel. En d'autres termes, la souffrance ouvre à la prière, à l'affection, à la compagnie d'un ami, à un millier de choses qui donnent une dignité individuelle. La souffrance est la condition la plus saine[160].

Cependant, la douleur n'est pas la fin de l'histoire pour ceux qui sont ouverts à la présence de Dieu dans leur souffrance. Comme le pape François nous l'assure : « Si nous souhaitons suivre de près le Christ, nous ne pouvons choisir une vie facile, tranquille. Ce sera une vie exigeante, mais pleine de joie[161]. »

---

159 Moynihan, p. 193.

160 Ambrogetti et Rubin, p. 194.

161 Twitter, 10 juillet 2013.

## Saint François d'Assise et la Joie dans le Royaume de Dieu

Saint François n'avait pas besoin de la croix pour trouver la joie. En plus de son amour pour la pauvreté, sa nature joyeuse était peut-être sa caractéristique la plus évidente. C'était un homme joyeux, amical et spontané.

Dans sa jeunesse, il s'immergea dans la vie de village, aimant les plaisirs. Ses journées se passaient en fêtes, banquets, joutes et processions. Lui qui appréciait toujours l'honneur d'être choisi comme « roi de la fête », pouvait s'y étourdir. Mais parfois, il ressentait une impression de vide après ces festivités. Bien qu'il ait pu être roi dans ce « royaume » social, il ne parvenait pas y trouver la joie en plénitude.

François chercha à donner un sens à sa vie en devenant chevalier. Il décida de poursuivre l'aventure et la gloire en se battant pour les forces papales dans les Pouilles. Dans un rêve, la nuit avant son départ, il vit la maison de son père remplie de selles, d'armures, et autres accoutrements chevaleresques. Dans une pièce de la maison, une très belle jeune mariée attendait son jeune époux. François se réveilla plein de joie, pensant que ce songe lui était destiné et annonçait ses succès futurs.

Mais son aventure se termina prématurément. Après s'être mis en route pour la guerre, il reçut une autre vision dans laquelle Dieu lui parlait : « Retourne dans ton pays et on te dira ce que tu dois faire, car cette vision que tu as eue, il faut que tu la comprennes autrement[162]. ». Le processus pour trouver sa vraie vocation était en marche.

Les habitants de la ville furent stupéfaits de voir que François ne semblait pas humilié par son apparent échec. Au lieu de cela, il semblait plus joyeux que jamais. Une vraie joie, une joie forte face à l'adversité, une joie basée sur le service du Roi des Rois était en train de prendre racine.

1206 marqua un tournant décisif, lorsque François donna une nouvelle orientation à ses nobles aspirations en se déclarant lui-même au service de Notre-Seigneur en tant qu'époux de « Dame Pauvreté ». Saint Bonaventure nous fait le récit de la rencontre de François avec des brigands :

> Il voyageait ainsi dans la forêt et, tout joyeux, chantait en français les louanges du Seigneur, quand deux voleurs surgirent du fourré et bondirent sur lui. Ces brutes lui demandèrent : « Qui es-tu ? » L'homme de Dieu, sans rien perdre de son assurance, leur répondit cette parole prophétique : « Je suis le héraut du Grand Roi ! »
> Ils l'envoyèrent alors, d'un coup, rouler dans un fossé plein de neige, en ricanant : « Restes-y, espèce de croquant qui fais le héraut de Dieu ! » François attendit qu'ils fussent partis, sortit de son fossé, se mit à rire de tout son cœur et reprit de plus belle, dans la forêt, sa chanson à la louange du Seigneur[163].

---

162 Légende des Trois Compagnons 6

163 Legenda Major II, 5

> Les frères recevront avec bienveillance tous ceux qui viendront à eux, ami ou ennemi, voleur ou brigand. Partout où sont les frères et en quelque lieu qu'ils se rencontrent, ils doivent se retrouver dans la joie de l'Esprit, avec affection et se témoigner un respect mutuel sans murmurer. Ils veilleront à ne pas afficher un air sombre et une triste mine hypocrite ; mais qu'ils se montrent joyeux dans le Seigneur, gais et aimables comme il convient[164].

Quand un compagnon avait l'air découragé, François l'admonestait : « Pourquoi montres-tu ainsi la tristesse et la peine que tu ressens pour tes péchés ? C'est une affaire entre toi et Dieu. Prie Dieu que, dans sa bonté, il te donne la joie du salut[165]. »

Et François prit son propre conseil à la lettre. Chaque fois qu'il était tenté par le désespoir ou le découragement, il priait immédiatement. « Si le serviteur de Dieu, comme cela peut arriver, est inquiet, tourmenté, pour quelque raison que ce soit, il devra immédiatement se relever pour prier, et rester en présence de Notre Père des Cieux jusqu'à qu'il restaure en lui la joie du salut.[166].»

Avec la prière, François avait recours à la musique et aux chansons pour apporter de la joie au corps et à l'âme. En fait, la musique avait toute sa place dans la vie de l'Ordre. Beaucoup de « troubadours » talentueux rejoignirent l'Ordre

---

[164] Première Règle 7

[165] Légende de Pérouse 97

[166] 2 Celano 125

et prêtèrent leurs talents pour chanter joyeusement les louanges à Dieu. Cela aide à expliquer la popularité des frères à une époque où la musique et la poésie faisaient partie intégrante de la culture. Vers la fin de sa vie, François déclara aux Frères mineurs : « Que sont les serviteurs de Dieu à part ses ménestrels qui doivent inspirer les cœurs des hommes et attiser en eux la joie spirituelle[167] ? »

Un exemple parfait de la joie qui provient de la louange à Dieu est le chef-d'œuvre littéraire de saint François : *Le Cantique de frère Soleil.* Ces mots joyeux, pour lesquels il composa une mélodie, ont été considérés comme le plus ancien et précieux joyau de la poésie italienne. François chantait :

> Très haut, tout-puissant et bon Seigneur,
> à toi louange, gloire, honneur,
> et toute bénédiction.
> À toi seul, Très-Haut, ils conviennent,
> et nul homme n'est digne de te nommer.
>
> Loué sois-tu, mon Seigneur,
> avec toutes tes créatures,
> spécialement messire frère Soleil,
> par qui tu nous donnes le jour, la lumière.
> Il est beau, rayonnant d'une grande splendeur,
> et de toi, le Très-Haut, il nous offre le symbole.
>
> Loué sois-tu, mon Seigneur,
> par sœur Lune et les étoiles :
> dans le ciel tu les as formées,
> claires, précieuses et belles.

---

[167] Légende de Pérouse 43

Loué sois-tu, mon Seigneur,
par frère Vent,
et par l'air et par les nuages,
par l'azur calme et tous les temps :
par eux, tu maintiens en vie toutes les créatures.

Loué sois-tu, mon Seigneur,
par notre sœur Eau,
qui est très utile et très humble,
précieuse et chaste.

Loué sois-tu, mon Seigneur,
par frère Feu,
par qui tu illumines la nuit :
Il est beau et joyeux,
robuste et fort.

Loué sois-tu, mon Seigneur,
par sœur notre mère la Terre,
elle nous soutient et assure notre croissance.
Elle produit la diversité des fruits,
avec les fleurs aux mille coloris et aussi l'herbe.

Loué sois-tu, mon Seigneur,
par ceux qui pardonnent par amour pour toi ;
qui supportent épreuves et maladies :
Heureux s'ils conservent la paix,
car par toi, le Très-Haut, ils seront couronnés.

Loué sois-tu, mon Seigneur,
par notre sœur la Mort corporelle,
à qui nul homme vivant ne peut échapper.
Malheur à ceux qui mourront en péché mortel.
Heureux ceux qu'elle trouvera
dans ta très sainte volonté,

car la seconde mort[168] ne pourra leur nuire.

Louez et bénissez mon Seigneur,
rendez-lui grâce et servez-le
en grande humilité !

Ces paroles poétiques indiquent la faculté de François de se réjouir de la Création en laquelle il voyait un reflet de la bonté de Dieu. Il était empli d'une extase joyeuse lorsqu'il contemplait l'action de Dieu dans le soleil, la lune et les étoiles. François pensait à la Lumière éternelle lorsqu'il voyait une bougie, et ainsi il hésitait à la souffler. Il pensait à Dieu le Roc quand il marchait sur des pierres, et ainsi il les foulait avec respect. En voyant la beauté de Dieu dans les prés, les étendues de fleurs, les champs, les vignobles, les forêts et les fontaines, les jardins et tout l'univers créé, il les exhortait et les invitait à louer Dieu avec lui.

Nous avons beaucoup de récits de ses prédications, comme celle qu'il a faite à une multitude d'oiseaux.

> Mes frères les oiseaux, vous avez bien sujet de louer votre créateur et de l'aimer toujours : il vous a donné des plumes pour vous vêtir, des ailes pour voler, et tout ce dont vous aviez besoin pour vivre. De toutes les créatures de Dieu, c'est vous qui avez meilleure grâce ; il vous a dévolu pour champ l'espace et sa limpidité ; vous n'avez ni à semer ni à moissonner : il vous donne le vivre et le couvert sans que vous ayez à vous en inquiéter. » À ces mots, rapportent le saint lui-même et

[168] La seconde mort est une expression de l'Apocalypse pour signifier l'état final de ceux qui auraient rejeté définitivement l'amour de Dieu.

ses compagnons, les oiseaux exprimèrent à leur façon une admirable joie : ils allongeaient le cou, déployaient leurs ailes, ouvraient le bec et regardaient attentivement. Lui allait et venait parmi eux, frôlait de sa tunique leurs têtes et leurs corps. Finalement, il les bénit, traça sur eux le signe de la croix et leur permit de s'envoler. Il reprit la route avec ses compagnons et, délirant de joie, rendit grâces à Dieu qui est ainsi reconnu et vénéré par toutes ses créatures[169].

Dans de tels instants, François était « emporté par la joie et l'allégresse la plus pure », rapporte son premier biographe. À travers « les empreintes de Dieu sur les choses, François suivait le Bien-Aimé partout ; de toute chose, il faisait pour lui-même une échelle par laquelle parvenir jusqu'à son trône. »

Pour François, les choses de la terre étaient un escalier vers le Ciel. Il était plein de joie parce qu'il goûtait déjà à la douceur de l'éternelle béatitude. Il croyait que le Royaume de Dieu était proche, comme le Christ l'avait dit : « Sur votre route, proclamez que le Royaume des Cieux est tout proche » (Mt 10,7).

[169] 1 Celano 58

**Le pape François et la Joie dans le Royaume de Dieu**

> La première parole que je voudrais vous dire, c'est : *joie* ! Ne soyez jamais des hommes et des femmes tristes : un chrétien ne peut jamais l'être ! Ne vous laissez jamais prendre par le découragement ! Notre joie n'est pas une joie qui naît du fait de posséder de nombreuses choses, mais elle naît du fait d'avoir rencontré une Personne, Jésus, qui est parmi nous ; elle naît du fait de savoir qu'avec lui nous ne sommes jamais seuls, même dans les moments difficiles, même quand le chemin de la vie se heurte à des problèmes et à des obstacles qui semblent insurmontables, et il y en a tant ! Et à ce moment-là vient l'ennemi, vient le diable, si souvent déguisé en ange, qui insidieusement nous dit sa parole. Ne l'écoutez pas ! Suivons Jésus ! Nous accompagnons, nous suivons Jésus, mais surtout nous savons que lui nous accompagne et nous met sur ses épaules : ici se trouve notre joie, l'espérance que nous devons porter dans notre monde. Et s'il vous plaît ! Ne vous laissez pas voler l'espérance ! Ne vous laissez pas voler l'espérance ! Celle que Jésus nous donne[170].

Le pape François a prononcé ces mots lors de son premier dimanche des Rameaux en tant que pape. Comme il l'avait montré dans son propre témoignage d'un joyeux service pour le Christ à travers les années, cette joie n'est pas juste une idée imaginaire. Elle est l'un des effets de notre foi. « La Joie est un signe de la présence du Seigneur », a-t-il déclaré[171].

---

[170] Pape François. Homélie des Rameaux 2013

[171] Bergoglio, *In Him Alone Is Our Hope*, p. 85.

Lors d'une conférence en 2007, alors qu'il était le cardinal Jorge Bergoglio, il décrivit sa magnifique vision de la joie chrétienne :

> Chers amis, si nous marchons dans l'espérance, nous laissant surprendre par le vin nouveau que Jésus nous offre, il y aura de la joie en nos cœurs et nous ne pourrons être que des témoins de cette joie. Le chrétien est joyeux, il n'est jamais triste. Dieu nous accompagne. Nous avons une Mère qui intercède toujours pour la vie de ses enfants, pour nous, comme la reine Esther dans la première lecture (cf. *Est* 5, 3). Jésus nous a montré que le visage de Dieu est celui d'un Père qui nous aime. Le péché et la mort ont été vaincus. Le chrétien ne peut pas être pessimiste ! Il n'a pas le visage d'une personne qui semble être en deuil permanent. Si nous sommes vraiment amoureux du Christ et si nous sentons combien il nous aime, notre cœur s'« enflammera » d'une joie telle qu'elle se répandra autour de nous[172].

La manière dont le pape comprend la joie chrétienne est double. Premièrement, nous puisons notre joie dans le fait d'être chrétiens. Et deuxièmement, cette joie doit déborder dans le monde autour de nous.

Il explique que nous avons raison de nous réjouir parce que nous sommes des membres d'une famille extraordinaire ! La Sainte Vierge Marie est notre Mère. « Silencieuse aux pieds de la Croix, elle comprit l'essentiel de sa vie : « Voici

---

[172] Pape François. Homélie du 24 juillet 2013 aux JMJ

ton fils, voici tes enfants » ; et dès ce moment, elle prit sous sa protection le peuple de Dieu[173]. » Nous sommes bénis d'être comptés parmi les enfants de la Reine des Cieux elle-même. Nous bénéficions de ses intercessions et apprenons de son exemple. Comme le pape François nous le dit : « C'est Notre-Dame qui transmet le mieux aux fidèles la joie de la parole de Dieu qui a en premier empli son cœur. » Vraiment Marie est un magnifique exemple parce que « la joie de la foi emplissait son cœur[174]. »

Que pouvons-nous espérer, en tant qu'enfants du Père des Cieux ? « Il ne promet pas la richesse ou le pouvoir, mais la protection et la sécurité la plus grande que nous puissions trouver : le refuge dans le cœur de Dieu. Il promet son intimité, la chaleur du Père, son étreinte pleine de tendresse et de compréhension[175]. »

Et du Christ, qui règne maintenant à la droite du Père, le pape François nous dit : « Notre joie n'est pas une joie qui naît du fait de posséder de nombreuses choses, mais elle naît du fait d'avoir rencontré une Personne : Jésus, qui est parmi nous[176]. » Le Christ a gagné la victoire sur le péché et la mort, et par là il fait de nous les héritiers du Royaume qui n'a pas de fin.

---

[173] Moynihan, p. 190.

[174] Luca Rolandi, "Francis: Mary helps us undo painful knots in our lives," *Vatican Insider,* 12 octobre 2013

[175] Collazo and Rogak, pp. 38–39.

[176] Pape François. Homélie des Rameaux.

Mais ce n'est pas assez de garder cette joie pour nous-mêmes. La joie doit déborder ! Nous sommes appelés à aller dans le monde et rayonner de cette joie du Christ vers les autres. « Allons, suivons Jésus, nous dit le Saint-Père. Nous accompagnons, nous suivons Jésus, mais par-dessus tout nous savons que Jésus nous accompagne et nous porte sur ses épaules. Là est notre joie, c'est l'espérance que nous devons porter au monde[177].»

Après sa première messe de Pâques en tant que pape, François s'exclama, plein de joie :

> Christ est ressuscité ! J'aimerais que ce message aille dans chaque maison et dans chaque famille, spécialement là où la souffrance est la plus grande, dans les hôpitaux, les prisons… Et par-dessus tout, j'aimerais qu'il entre dans chaque cœur car c'est là que Dieu veut semer la Bonne Nouvelle : Jésus-Christ est ressuscité, il y a donc de l'espoir pour vous, vous n'êtes plus sous le pouvoir du péché ou du mal : L'amour a triomphé ! La miséricorde a été victorieuse ! La miséricorde de Dieu triomphe toujours.

Qu'il fasse des petites plaisanteries au milieu de ses homélies, qu'il se mêle aux fidèles après la messe ou qu'un sourire éclaire son visage en embrassant des petits bébés, il est évident que le pape est rempli d'une joie débordante qu'il communique au monde. Vraiment, le pape François croit que la mission chrétienne est mal orientée si elle ne s'accomplit pas dans un esprit de joie. Il exhorte ainsi les prêtres :

---

[177] Pape François. Homélie des Rameaux.

> Quand il y a de la joie dans le cœur d'un prêtre, c'est le signe que ses actes viennent de l'Esprit-Saint [...] Ce n'est pas assez que notre vérité soit juste et notre action pastorale efficace. Sans la joie de la beauté, la vérité devient froide, sans cœur même, cruelle et arrogante, comme nous le voyons des discours de beaucoup de fondamentalistes aigris. C'est comme s'ils étaient en train de mâcher des cendres au lieu de savourer la glorieuse douceur de la vérité du Christ qui illumine toute réalité d'un doux éclat. Sans la joie de la beauté, tout travail pour le bien se transforme en un sordide souci d'efficacité, comme c'est le cas de beaucoup d'activistes accablés. Ils s'agitent, habillant la réalité avec des statistiques affligeantes au lieu de l'oindre de l'huile de la joie intérieure qui transforme les cœurs, un par un, de l'intérieur[178].

L'un des lieux les plus naturels pour rencontrer la joie est la rencontre des enfants. Le pape François a clairement révélé son amour pour les tout-petits et les jeunes et on peut se demander si une partie de ses affinités avec la jeunesse n'est pas sa reconnaissance de leur joie inhérente. Lors d'une messe spéciale pour les enfants, dans un archidiocèse, en 2009, le cardinal Bergoglio les encourageait à répandre cette joie aux autres :

> Ecoutez bien ceci, afin que vos cœurs soient en fête : nous devons donner de la joie aux autres, nous devons rendre les autres joyeux, afin qu'ils arrivent au festin de Jésus avec des cœurs ouverts. Et vous pouvez y arriver,

---

[178] Pope Francis, *Encountering Christ*, pp. 104–105.

> c'est facile. Chacun de nous peut rendre joyeux ses compagnons, frères et sœurs, voisins, familles, amis, tous joyeux. Chacun de nous, chaque garçon et fille, peut apporter de la joie à ses amis et à sa famille, chacun de nous peut faire du bien aux autres […) Le monde est à vous. Vivez-y dans la lumière. Et vivez-y avec joie, parce que celui qui marche dans la lumière a un cœur joyeux[179].»

Et, comme le Christ lui-même l'a enseigné, nous aussi sommes appelés à être comme les petits enfants. *« Laissez les enfants venir à moi, et ne les empêchez pas, car le Royaume de Dieu est à ceux qui leur ressemblent. Amen, je vous le dis : celui qui n'accueille pas le Royaume de Dieu à la manière d'un enfant n'y entrera pas »* (Lc 18, 16-17).

De fait, nous n'avons rien à espérer de plus grand que de pouvoir entrer dans ce Royaume des Cieux. Alors réjouissons-nous avec les enfants, et avec tous les saints dans la gloire. Car, comme le pape François nous le dit, notre vrai but en tant que peuple de Dieu est de parvenir au « Royaume de Dieu, qui a commencé par la venue de Dieu lui-même sur terre, et qui doit s'étendre encore davantage jusqu'à ce qu'il soit porté à la perfection par lui à la fin des temps quand le Christ, notre vie, apparaîtra » (cf. Lumen Gentium 9). Notre horizon est la communion parfaite avec le Seigneur ; c'est d'entrer dans sa vie divine où nous vivrons la joie de son amour sans mesure. La joie parfaite.

---

[179] Moynihan, p. 222.

Alors réjouissons-nous avec les enfants et avec tous les saints dans la gloire. Toujours et à jamais.
Amen

## Pistes de réflexion et d'action

- Catéchisme de l'Église catholique, 736 : « C'est par cette puissance de l'Esprit que les enfants de Dieu peuvent porter du fruit. Celui qui nous a greffés sur la vraie Vigne nous fera porter « le fruit de l'Esprit qui est amour, joie, paix, longanimité, serviabilité, bonté, confiance dans les autres, douceur, maitrise de soi ». L'Esprit est notre vie ; plus nous renonçons à nous-mêmes, plus l'Esprit nous fait aussi agir. »

**Je réfléchis :** Est-ce que je porte ces fruits de l'Esprit dans ma vie ? Quels sont les plus visibles dans ma vie ? En particulier, comment est-ce que j'exprime la joie d'être un des enfants de Dieu ?

- Le pape François sait que suivre le Christ implique d'accepter la Croix. Mais il sait aussi, d'expérience personnelle, que nos fardeaux nous rendent capables d'imiter le Christ, et ainsi de trouver la joie. C'est ainsi que la terrible souffrance physique de son infection pulmonaire fut transformée lorsque le futur pape pensa à travers elle à imiter le Christ. Il nous dit que dans de telles circonstances nous sommes appelés à « témoigner avec joie ».

**Je réfléchis :** Quelles sont les « croix » dans ma vie en ce moment ? Combien de fois est-ce que je les unies aux souffrances du Christ ? Comment puis-je en faire des opportunités d'être un témoin joyeux ?

- Saint François d'Assise voit les « empreintes» de Dieu tout autour de lui. Il voit toute la création – les personnes, les animaux, les fleurs des champs… comme faisant partie du Royaume de Dieu. Et ainsi il rend grâce à Dieu avec une joie débordante. Comme il disait à ses « frères » les oiseaux, nous devrions « toujours et partout » louer Dieu.

**Je réfléchis** : Combien de fois est-ce que je loue Dieu pour le don de la Création ? Qu'est-ce qui m'aide le plus à faire l'expérience de la joie du Royaume ? La musique ? L'art ? La nature ? Les amitiés ? Apprendre ? Les enfants ? Comment puis-je aider les autres à faire l'expérience de cette joie ?

# Claire et François d'Assise en quelques dates

**1181/1182**. - À Assise, naissance de Francesco (François), fils du marchand Pietro di Bernardone et de Pica.

**1193/1194**. - À Assise, naissance au sein d'une famille noble de Chiara (Claire), fille de Favarone d'Offreduccio et de dame Ortolana.

**1202**. - Guerre entre Pérouse et Assise. La milice d'Assise et ses alliés sont défaits à Collestrada ; François est fait prisonnier.

**1203**. - François est libéré, peut-être contre rançon, et regagne Assise.
Il est alors la proie d'une longue maladie et tarde à recouvrer la santé.

**1205** [printemps]. - François décide de partir combattre dans les Pouilles afin de devenir chevalier. Il échange son équipement contre celui d'un chevalier pauvre. Parvenu à Spolète, un songe le fait renoncer à son projet et retourner à Assise.
François s'isole alors souvent pour prier. Il participe à une dernière fête.

**1205** [automne]. - Après la probable rencontre de l'un d'eux, le long d'une route, François, surmontant son aversion, se met à soigner les lépreux.

**1205** [fin]. - Alors qu'à l'église Saint-Damien en ruines, François prie devant un crucifix, il entend une voix lui demander de réparer son église. Il vend plusieurs pièces de drap et son cheval pour financer les travaux. Début d'un conflit ouvert avec son père.

**1206** [fin de l'hiver]. - François et Pierre de Bernardone recourent à l'arbitrage de l'évêque d'Assise. François renonce à son héritage et restitue même ses vêtements à son père.

**1206-1208**. - François restaure l'église Saint-Damien et continue de soigner les lépreux.

**1208** [avril]. - Bernard de Quintavalle, Pierre Cattani puis Gilles se joignent à François. Tous quatre vivent dans une cabane, près de l'église Sainte-Marie de la Portioncule.

**1208** [fin du printemps]. — Première tournée missionnaire : François et Gilles parcourent la marche d'Ancône, tandis que Bernard et Pierre demeurent à la Portioncule.

**1208** [fin]. - Deuxième tournée missionnaire après l'arrivée de trois nouvelles recrues : François et ses six frères sillonnent la vallée de Rieti puis retournent à la Portioncule. Un nouveau frère les rejoint ; le groupe effectue une troisième tournée missionnaire.

**1209** [mai]. - après l'arrivée de quatre nouvelles recrues, François et ses frères se rendent à Rome. Ils soumettent à Innocent IV une courte *forme de vie*, que le pape approuve oralement. Au retour, ils s'installent à Rivo Torto, non loin de saint-Damien.

**1209** [fin] - Chassée de Rivo Torto, la petite communauté s'installe à Sainte-Marie de la Portioncule. Elle essaime rapidement dans toute l'Ombrie.

**1211 ou 1212** [nuit du dimanche des Rameaux]. - Claire s'enfuit de chez elle et se consacre à Dieu entre les mains de François. En avril-mai, sa sœur Agnès la rejoint et toutes deux se fixent à saint-Damien ; rapidement, d'autres femmes vont se joindre à elles.

**1211** [été ?]. - François veut se rendre en Syrie, mais des vents contraires l'en empêchent.

**1213** [été]. - François tente de se rendre en Espagne, mais ne peut dépasser la Provence.

**1215**. - La *forme de vie* des frères s'enrichit au fil du temps ; le nom de « Frères mineurs » est adopté par François et ses compagnons.

**1217** [Pentecôte]. - Les frères étant désormais répandus dans toute l'Italie, le chapitre tenu à la Portioncule instaure les provinces et crée la charge de ministre provincial.
Envoi d'équipes de frères en France, en Espagne, en Allemagne, en Hongrie et en Syrie.

**1217** [été]. - François décide d'aller en France ; il rencontre à Florence le cardinal Hugolin, qui lui demande de rester en Italie pour prendre soin de ses frères.

**1219** [26 mai]. - Au chapitre de Pentecôte est décidée une deuxième mission au-delà des Alpes et outre-mer.
Avec quelques compagnons, François s'embarque pour Damiette, en Égypte, qui est assiégée par les Croisés. Profitant d'une accalmie dans les combats, François franchit les lignes musulmanes et rencontre le sultan Al-Malik al-Kâmil. Il réside ensuite parmi les frères de Syrie. Durant son séjour en Orient, il contracte une grave maladie des yeux.

**1220** – François, rentré en Italie, et le Cardinal Hugolin convoquent un chapitre général extraordinaire à la Portioncule. François renonce au gouvernement des frères, qu'il confie à Pierre Cattani. Les écrits du Petit Pauvre se multiplient à partir de ce moment.

**1221** [10 mars]. - mort de Pierre Cattani. Frère Élie lui succède comme vicaire de François.

**1221** [Pentecôte]. - Chapitre auquel participent trois mille frères.
Discussion du nouveau texte de la *forme de vie*, enrichi de citations bibliques, que François veut présenter pour approbation au Saint-Siège (règle *non bullata*). De nouvelles équipes de frères sont envoyées en Allemagne et en Hongrie.

**1222** [été]. - importante tournée de prédication de François en Italie centrale.

**1223** [début]. - Comme le Saint-Siège a refusé d'approuver la règle *non bullata*, François se retire à l'ermitage de Fonte Colombo et rédige une nouvelle règle.

Le chapitre, réuni à la Pentecôte, approuve la nouvelle règle (règle *bullata*) qui sera officiellement reconnue par l'Église.

**1223** [fin]. - Fondation, à Bologne, du premier *studium* de théologie de l'Ordre.

**1223** [nuit du 24 décembre]. - François met en scène la nativité de Jésus à Greccio. C'est la première crèche vivante que l'on connaisse.

**1224** [septembre]. - Un groupe de frères est envoyé en Angleterre.

**1224** [15 août - 29 septembre]. - François effectue un carême sur le mont Alverne. Il a la vision d'un séraphin et reçoit les stigmates de la Passion du Christ.

**1224** [décembre]-**1225** [février]. - François entreprend une dernière tournée de prédication en Ombrie et dans la marche d'Ancône.

**1225** [mars-avril]. - À saint-Damien, François compose le *Cantique de frère Soleil*.
Puis il part pour la vallée de Rieti afin de faire soigner ses yeux. En juillet-août, un médecin lui cautérise les tempes au fer rouge ; en septembre, un autre médecin lui perce les oreilles.

**1226** [avril-juin]. - François séjourne à Sienne pour un nouveau traitement médical ; il y dicte le *Testament de Sienne*. Il réside ensuite à l'ermitage des Celle de Cortone, où il commence à dicter son *Testament*.

Fin août-début septembre, l'état de François empire ; on le ramène à Assise, où il loge dans le palais de l'évêque. Il dicte la dernière strophe du *Cantique de frère Soleil*.

**1226** [soir du 3 octobre]. - François meurt à la Portioncule. Le lendemain, il est enterré dans l'église Saint-Georges d'Assise. Les frères sont plus de cinq mille.
**1228** [10 juin-16 juillet]. - Procès de canonisation de François.
Il est proclamé saint le 16 juillet par son ami Hugolin, élu pape en 1227 sous le nom de Grégoire IX.

**1230** [25 mai]. - Transfert du corps du Petit Pauvre à la basilique Saint-François.

**1253** [9 août]. - le pape innocent IV approuve officiellement la règle rédigée par Claire d'Assise. Le 11 août, Claire meurt ; elle sera canonisée le 15 août 1255.

# Le pape François en quelques dates

**1936** 17 décembre naissance de Jorge Mario Bergoglio à Buenos Aires, Argentine, né de Mario et Régina Sivori Bergoglio, immigrants italiens.

**1957** Les médecins découvrent des kystes sur un poumon de Jorge. Pour lui sauver la vie, les chirurgiens ôtent une partie du poumon affecté.

**1958** Jorge entre au noviciat des Jésuites.

**1960** Il prononce ses vœux dans la Compagnie de Jésus.

**1960-1963** Étudie la philosophie et les sciences humaines dans le cadre de sa formation de séminariste.

**1964-1966** Enseigne la littérature et la psychologie à des étudiants de grandes écoles de Santa Fe et à Buenos Aires.

**1967-1970** Étudie la théologie au Collège de San José à San Miguel.

**1969** Est ordonné prêtre de la Compagnie de Jésus.

**1970-1971** Termine sa dernière formation comme Jésuite à Alcada de Henares en Espagne.

**1973** Prononce ses vœux perpétuels.

**1973** Élu provincial des Jésuites en Argentine

**1976** Durant la « sale guerre » en Argentine, deux prêtres jésuites, frère Franz Jalics et frère Orlando Yorio sont arrêtés par l'armée.

**1980-1986** Recteur du Collège San Jose.

**1986** Part en Allemagne pour finir son doctorat.

**1992** Reçoit son ordination épiscopale comme archevêque auxiliaire de Buenos Aires et évêque titulaire d'Auca.

**1997** Nommé évêque coadjuteur de Buenos Aires.

**1998** Nommé archevêque de Buenos Aires.

**2001** Élevé cardinal par le pape Jean Paul II

**2005-2011** Président de la Conférence des évêques d'Argentine, après avoir décliné cet engagement en 2002.

**2005** Prend part au conclave qui élit le Pape Benoït XVI

**2010** S'oppose au gouvernement d'Argentine qui veut légaliser le mariage homosexuel. La loi passe en dépit des efforts du Cardinal Bergoglio.

**2013** 2013 Élu pape, il prend le nom de François en l'honneur du saint d'Assise.

**Note des Auteurs**

Au cours de notre travail sur ce manuscrit, nous avons eu la grâce de pouvoir faire un pèlerinage à Rome ensemble, père et fille. Le fait marquant de ce voyage fut notre participation à une audience privée du pape François. À la fin de l'audience, contrairement au plan établi, le pape a pris le temps de saluer en personne les 150 participants. Quelle joie ce fut de nous trouver « en vrai » devant l'homme que nous étudiions et sur lequel nous écrivions depuis des mois ! Nous étions tous les deux impressionnés par sa présence chaleureuse, sa gentillesse et son humilité. Il nous a salués avec attention, et a pris un moment spécialement pour embrasser et bénir notre petite Gina qui voyageait avec nous. Nous avons quitté l'audience vraiment émus de notre rencontre avec notre Saint-Père, qui semblait vraiment s'intéresser à chacun d'entre nous. Nous espérons que notre livre contribuera à faire connaître, dans une petite mesure, l'essentiel de cet homme qui a si généreusement embrassé la mission de prendre soin de nous tous.

# Suggestions bibliographiques


- *Puiser à la source d'Assise. Les Écrits de Claire et François d'Assise.* Traduction de Catherine Savey. Editions Franciscaines 2013.
- *François d'Assise, Écrits, Vies, témoignages.* Sous la direction de Jacques Dalarun. Editions Franciscaines 2010.
- Bartoli *François et les pauvres.* Ed. Franciscaines 2011
- Bergoglio et Skorka, *Sur la terre comme au ciel.* Robert Laffont 2013.
- Chesterton, *Saint François d'Assise* Paris. Ed. Dominique-Martin Morin 1979
- De Wasseige, *La cœur du petit pauvre. Commentaire du testament de saint François.* Ed. Franciscaines 2012.
- Hubaut, *Chemins d'intériorité avec saint François.* Ed. Franciscaines 2012.
- Manselli *François d'Assise.* Ed. Franciscaines 2004.
- Pape François *L'Église que j'espère*. Entretien avec le Père Spadaro. Flammarion 2013
- Pape François *Je crois en l'homme* : conversation avec Sergio Rubin et Francesca Ambrogetti . Flammarion 2013
- Pape François *La joie de l'Évangile.* Paris 2014

# SOMMAIRE

Achevé d'imprimer en février 2014
sur les presses de COGETEFI
www.cogetefi.com

iSBN: 978-2-85020-313-8

Dépôt légal à parution

*Imprimé en France*